법조인 마스터플랜

법조인 마스터플랜

초판1쇄 발행 2024년 7월 15일

지은이	theD마스터플랜연구소(이경윤)
발행인	조상현
마케팅	조정빈
편집인	김유진
디자인	김희진

펴낸곳	더디퍼런스
등록번호	제2018-000177호
주소	경기도 고양시 덕양구 큰골길 33-170
문의	02-712-7927
팩스	02-6974-1237
이메일	thedibooks@naver.com
홈페이지	www.thedifference.co.kr

ISBN 979-11-61254-89-0 03370

| 더스 | 더디 | 더디퍼런스 | 마이북 |

십대가 되고 싶은 직업 로드맵

법조인
마스터플랜

theD마스터플랜연구소 지음

더디퍼런스

나도 법조인이 될 수 있을까?

　우리나라에서 공부를 가장 잘하는 학생들이 주로 가고자 하는 대학 학과는 법대, 의대가 압도적이다. 법대와 의대에 가면 판사나 검사, 의사가 되어 사회의 고위층이 되고 돈도 많이 번다는 인식 때문일 것이다. 그러나 법대와 의대는 최상위권 성적을 유지해야 갈 수 있는 곳이므로 누구나 꿈꿀 수 있는 대상은 아니다. 그런데 법조인의 경우 조금 다른 길이 열렸다. 법대를 나오지 않더라도 법조인이 될 수 있는 다른 길이 있기 때문이다.

　과거에는 사법고시라는 시험을 통하여 판사, 검사, 변호사를 뽑았다. 그런데 사법고시 제도는 2017년도에 폐지되었고, 현재는 로스쿨이라는 법학전문대학원 제도에 의해 법조인을 선발하고 있다. 법학전문대학원은 4년제 대졸자라면 입학 자격이 있어서 법대에 가지 않아도 도전할 기회가 있다. 따라서 법대에 가지 못해도 체계적으로 준비하여 얼마든지 법조인이 될 기회를 만날 수 있다.

법조인을 꿈꾸는 학생과 학부모는 이 점을 명심하고 과거와 달리 좀 더 장기적인 안목을 가지고 준비하는 자세를 가진다면 충분히 노려볼 수 있다. 우선 로스쿨에 입학하기 위해서는 LEET(법학적성시험) 성적, 공인영어시험 성적, 대학교 학부 학점 등 로스쿨 입학 조건을 충족해야 한다는 점을 잘 기억해두자.

『법조인 마스터플랜』은 법조인을 준비하는 청소년들과 부모님들을 위한 친절한 안내서이자 소개서이다. 1장에서는 법이 무엇이고, 또 어떤 직업이 법조인에 해당하는지에 대해 다룬다. 그리고 법조인이 하는 일을 소개하면서 이러한 법조인이 되기 위해서는 어떤 지식의 수준과 소질, 인성, 능력이 요구되는지를 설명한다.

2장부터는 법조인과 관련된 구체적 직업에 대해 다루는데, 먼저 변호사라는 직업에 대해 알아본다. 변호사는 어떤 일을 하는 직업인지 소개하고, 변호사가 되기 위한 로스쿨 입학 조건과 변호사 시험의 내용을 알려준다. 변호사는 법적으로 곤란을 당한 사람을 돕는 직업이라는 점에서 성취도가 높지만, 늘 힘든 일에 부딪힌 사람들을 만나는 직업이라는 점에서 단점도 있다는 사실에 대해 알아본다.

3장에서는 판사가 어떤 직업인지 알아본다. 판사가 구체적으로 하는 일과 판사가 되기 위해 어떤 시험을 치러야 하는지를 소개하고 있다. 또 판사라는 직업이 사회적 존경을 받고 독립적이고 자율적이라는 점에서 장점이 있지만, 활동적인 성격의 소유자에게는 맞지 않을 수 있다는 점도 알려준다.

4장에서는 검사에 대해 알아본다. 검사들이 어떤 일을 하는지 알아보고 검사가 되기 위해서는 어떤 과정과 시험을 치러야 하는지에 대해 소개하고 있다. 또 검사가 사회적 정의를 세우는 직업이라는 점도 있지만, 잦은 순환근무와 과다한 업무를 하는 단점도 알려준다.

더불어 이 책에서는 변호사, 판사, 검사 등이 구체적으로 어떤 일을 하는지 보여주기 위해 실제 변호사, 검사, 판사의 하루 일과를 소개하고 있다.

한편, 판사와 검사, 변호사와 같은 법조인이 되기에는 조금 부족한 성적이지만, 법과 관련된 직업을 꿈꾸는 청소년도 있을 것이다. 이 경우 법과 관련된 직업을 선택하여 준비하는 것도 지혜로운 방법이다. 법과 관련된 직업으로는 법과대학 교수, 법조공무원, 법무사, 변리사, 노무사, 관세사, 세무사 등 다양한 분야로 뻗어 있다. 5장에서는 이러한 직업 정보를 소개한다.

마지막 6장에서는 인공지능의 등장으로 위협받고 있는 법조인의 미래가 어떻게 될지 예측해본다. 이에 따라 인공지능에 지배당하는 법조인의 미래는 어두울 수 있으나 인공지능을 잘 활용하는 법조인의 미래는 더 밝을 거라고 전망한다.

성공은 열심히 준비하고 노력한 자가 얻게 되는 달콤한 열매이다. 법조인의 꿈은 열심히 준비하고 노력한 사람에게 돌아가게 되는 법이다. 열심히 준비하고 노력할 때 꼭 필요한 것은 무엇일까? 올바른 정보이다. 올바른 정보를 똑똑히 알고 그에 따라 준비하고 노력해야 제대로 해낼 수 있기 때문이다.

부디 이 책이 법조인 준비에 올바른 정보를 제공하기 바라며, 이를 바탕으로 법조인을 꿈꾸는 청소년들이 많아지기를 기대해본다.

theD 마스터플랜연구소

차례

1장
법조인은
어떤 직업일까?

법이란
무엇일까?

  역사적으로 모든 나라가 만들어질 때는 반드시 법을 바탕으로 국가가 세워진다. 국가가 세워지기 위해서는 어느 정도의 영토가 있어야 하고 그 영토에 사는 국민이 있어야 한다. 이때 국가는 영토에 사는 국민이 안전하게 생활할 수 있도록 해줘야 하는 의무가 있다. 이러한 국민의 안전한 사회생활을 보장해주는 데 필요한 것이 바로 법이다. 도로에서 자동차들이 안전하게 달릴 수 있는 것은 교통법규가 있어서 질서가 유지되기 때문이다. 이처럼 사회생활에도 질서가 유지되기 위해서는 법이 꼭 필요하다.

국가가 강제로 정해놓은 사회규범
  법이란 국가가 사회의 질서를 유지하기 위해 강제로 만

들어놓은 사회규범(지켜야 할 규칙) 중 하나이다. 이러한 법은 국가와 국민 사이에 맺어진 계약의 일종으로, 국가는 법을 정하고 국민은 그 법을 지킬 의무가 있다. 이때 법을 어긴 국민의 경우 그에 따른 처벌을 받는 것을 원칙으로 한다.

법은 처벌 규정이 있다는 면에서 다른 사회규범들과 차이가 있다. 사회규범에는 법만 있는 것이 아니라 관습규범이라는 것도 있다. 예를 들어 결혼식, 장례식, 제사 등은 관습규범에 따라 전해 온 것이다. 이러한 관습적 규범은 어겨도 처벌을 받지는 않지만, 사회적 비난을 받는다. 이 때문에 사람들은 어떻게든 관습규범을 지키려고 노력한다.

우리는 처벌 규정이 있고 없고를 통하여 법의 성격을 명확히 알 수 있다. 사람이 사는 사회에는 법 외에 도덕도 있다. 인간으로서 지켜야 할 도리를 뜻하는 도덕 역시 인간이 지켜야 할 규범에 속하기 때문에 이를 도덕규범이라고 한다. 기본적 도덕규범으로는 부모에게 효도하고 어른을 공경하는 것 등을 들 수 있다. 이러한 도덕규범을 어길 경우에도 관습규범을 어겼을 때와 마찬가지로 사회적 비난을 받는다.

이상에서 우리는 처벌 규정이 있다는 사실을 통하여 법의 성격을 잘 알 수 있다. 즉, 법은 처벌 조항이라는 강제력을 둠으로써 복잡한 사회적 관계 속에 살아가는 사람들이 사회적 질서를 깨지 않도록 유도하는 역할을 한다. 그런 점에서 법은 가능한 한 최소한의 행동에 대해 제한하는 내용을 담고 있어야 한다. 그래야 국민이 최대한의 자유를 누리며 살아갈 수 있기 때문이다. 법이 인간의 행동을 지나치게 제한하면 그 사회는 자유가 적게 주어지는 사회가 되고, 반면에 법이 최소한의 행동으로 제한하면 그 사회는 자유가 더 많이 주어지는 사회가 된다.

법의 종류에는 어떤 것들이 있을까?

법에는 어떤 종류가 있을까? 우리나라를 기준으로 법은 크게 공법과 사법으로 나뉜다. 공법이란 국가와 국민 간의 관계를 규정하는 법이고, 사법이란 사람과 사람 간의 관계를 규정하는 법이다. 우선 공법에는 헌법, 형법, 행정법, 소송법, 국제법 등이 있다.

'헌법'은 모든 법 중에서도 가장 중요한 법으로 나라의 주권에 대한 기본원칙과 영토에 관한 규정은 물론이고 국민의 권리와 의무를 규정하고 있다. 그럴 뿐만 아니라 국가의 기본 조직과 기능에 관해서도 규정하고 있다. '형법'은 일반적으로 우리가 법이라고 생각하는 형벌을 다루는 법으로, 범죄에 따른 형벌을 규정하고 있는 법이다. '행정법'은 국가와 국민 사이에 분쟁이 생길 경우에 대하여 규정하고 있는 법이고, '소송법'은 소송 절차를 규정하는 법규를 통틀어 이르는 법이다. '국제법'은 국제사회 간의 관계를 규정하는 법이다.

사법에는 대표적으로 민법, 상법 등이 있다. '민법'은 사람이 사회생활을 하는 데 일반적으로 적용되는 법으로 개인과 개인 간의 분쟁이 생길 경우 민법에 따라 재판을 받는다. '상법'은 이름에서도 알 수 있듯 기업의 상거래와 경영에 관한 내용을 다루는 법률이다.

이상의 법에 대한 재판은 법원에서 열린다. 특히 헌법과 관련된 재판을 진행할 때는 헌법재판소에서 한다.

법의 위계에 따른 분류

법은 한 가지가 아니다. 위계에 따라 헌법, 법률&조약, 대통령령, 총리령과 부령, 규칙 등의 체계를 가지고 있다.

법의 위계를 크게 5단계로 분류할 때 가장 최상위에 해당하는 법이 바로 헌법이다. 헌법 아래에 앞서 설명한 법률들이 위치하는데, 이때 국제간에 맺은 조약도 법률과 같은 위계를 갖게 된다. 법률은 법으로 정해져 있는데, 이러한 법률의 확정은 입법기관인 국회에서 담당한다. 법률은 그 법률로 끝나는 것이 아니라 법률에 따른 세부적인 사항을 대통령령, 총리령, 각 부처의 행정명령으로 다시 정하게 된다. 그런 점에서 법률 아래에 행정명령이 있다고 할 수 있다. 행정명령은 다시 구체적인 행정규칙으로 완성되어야 비로소 각 개인이나 단체가 지킬 수 있다. 그런 점에서 행정규칙은 법률의 위계에서 가장 아래 단계에 위치하게 된다.

한편, 우리나라는 1991년부터 지방자치제를 도입하여 시행하고 있는데, 이에 따라 지방자치단체에서도 자치법규를 만들 수 있게 되었다. 이때 지방자치단체에서 만든 자치법규는 국가의 행정규칙과 같은 위계를 갖는다.

법은 어떤 단계를 거쳐 효력을 발휘할까?

법은 어떻게 만들어지고 그 효력이 드러날까? 먼저 법은 입법기관인 국회에서 만들어지고, 행정기관인 정부에서 시행하며, 사법기관인 법원에서 법의 재판을 다룬다. 이를 3권 분리라 하여 민주주의 국가 정치의 기본으로 삼고 있다.

법이 만들어지는 과정을 살펴보면, 먼저 국회에서 법의 초안을 만들어 관계기관과 협의를 한다. 그리고 법을 심사하는 기관인 법제처에서 심사하고 국무회의의 심의를 거쳐 대통령이 재가하면 드디어 국회의 의결에 넘겨진다. 국회에서 의결이 확정되면 다시 정부로 이송되어 공포(국민에게 알림)함으로써 비로소 법이 시행된다. 이 모든 과정을 간단히 정리하면 다음과 같다.

제 정 ⇒ 공 포 ⇒ 시 행

보통 제정부터 시행까지 하나의 법이 효력을 나타내기까지 약 5~7개월이 소요된다. 여기에서 잠깐 공포와 시행의 차이에 대해 알아보자. 법이 공포되면 법규의 효력을 발생할 수 있는 상태에 놓이지만, 아직 법으로서의 구속력을 갖는 상태는 아니다. 왜냐하면 법이 공포된 날부터 바로 법

이 시행되는 것은 아니기 때문이다. 법의 시행일에 대해서는 대부분 부칙에서 규정하고 있기는 하지만, 만약 시행일에 관한 특별한 규정이 없는 경우에는 공포한 날로부터 20일이 경과한 후부터 효력이 발생한다.

법에 관한 흥미로운 상식

법은 우리 삶에 크게 영향을 미친다. 법을 잘 알고 있으면 그만큼 유리하게 사회생활을 해나갈 수 있다. 하지만 대부분의 일반 사람은 복잡한 법을 잘 모르고, 알게 되는 기회도 많지 않다. 이에 도움을 주기 위해 각종 법률 서비스와 관련된 직업이 존재하는 것이다. 여기에서는 누구에게나 도움이 되는 몇 가지 법률 상식을 소개하고자 한다. 미래 법조인을 꿈꾸는 여러분에게는 더욱 흥미로운 마중물 역할을 해줄 것이다.

먼저 법은 새로 제정되기도 하지만 소멸하기도 한다. 법 중에는 일정 기간만 시행되는 한시법이 있는데, 한시법의 경우 법의 유효기간이 지나면 법의 효력이 소멸된다. 또 같은 종류의 새로운 법(신법)이 나오면 이전의 법(구법)은 자동으로 폐지된다. 또 법 중에 위헌법률심사제도에 넘겨져 위헌결정이 난 법이 있는데, 이 경우에도 해당 법은 효력을 잃는다.

새로운 법이 나왔을 때 이 법의 시행 기간 이전에 발생한 상황에 대해서는 어떻게 할까 하는 문제가 생긴다. 이에 대해 법률은 새로운 법이 시행되는 기간에 발생한 상황에 대해서만 법을 적용하고, 이전의 상황에 대해서는 법을 적용하지 않는 원칙을 받아들이고 있다. 이것을 법률불소급의 원칙이라고 하는데, 이것을 잘 알고 있어야 피해를 받지 않는다. 물론 특별한 경우 예외적으로 이전의 상황에 대해서도 새로운 법을 적용하는 경우도 있다.

한편, 국가의 법이 시행되면 국가의 영토 내에 있는 모든 사람이 일률적으로 법의 적용을 받는다. 이것을 속지주의라고 하는데, 이 때문에 그 나라에 사는 외국인도 똑같이 법의 적용을 받는다. 물론 외국인의 경우 상호주의에 따라 특별하게 취급하는 법규(외국인토지법, 국가배상법 등)가 따로 있다.

외국에 있는 자국의 국민은 어떻게 될까? 이 경우 외국에 있는 국민에게도 자국의 법이 똑같이 적용됨을 원칙으로 한다. 또한 외국에 있는 국민은 자국의 법도 적용받고 현재 있는 나라의 법도 적용받는 경우가 있다. 이 때문에 국제법상 치외법권이라는 것을 적용하고 있다. 치외법권이란 현재 거주하고 있는 나라의 법을 적용받지 않고 오직 자국의 법만 적용받는 권리를 말한다. 물론 이러한 치외법권은 모든 외국인이 적용받을 수 있는 것은 아니다. 대통령, 국왕, 외교사절 및 그 가족과 수행원, 외국에 주재하는 군대, 외국 영해상의 군함의 승무원 등만이 적용받을 수 있다.

법조인은
누구인가?

과거 왕조시대에 비해 현대 민주주의 시대의 법은 매우 광범위하고 복잡하므로 법을 전문적으로 다룰 수 있는 직업이 필요하게 되었다. 이에 따라 법조인이라는 전문직업이 탄생됐다. 그렇다면 법조인이란 구체적으로 어떤 직업을 말하는 것일까?

법률 사무에 종사하는 법조인

법조인 하면 우리가 일반적으로 알고 있는 판사, 검사, 변호사를 떠올린다. 법조인의 사전적 뜻은 '일반적으로 법률 사무에 종사하는 사람, 특히 재판관, 검찰관, 변호사 따위의 법률 실무에 종사하는 사람'이다. 법조인은 보통 법과 관련된 일을 하는 판사, 검사, 변호사를 뜻한다.

판사와 검사, 변호사는 모두 법률과 관련된 일을 하는 직업이지만 각각의 직업이 담당하는 일의 분야는 다르다. 판사는 법을 어겼다고 여겨지는 사람을 재판하는 일을 한다. 판사라고 하면 범죄를 저질러 재판에 넘겨진 사람을 재판하는 일만 떠올리지만, 우리나라의 법은 형법만 있는 게 아니라 매우 다양한 법이 있다.

앞서 우리나라 법은 크게 공법과 사법으로 나눌 수 있다고 했다. 판사는 이 모든 법과 관련해서 법을 어긴 사건에 대하여 재판을 진행하고 판결하는 직업이다.

한편, 검사는 여러 법 중에서도 형사사건에 대하여 재판에 넘기기 전까지의 수사를 담당하는 일을 한다. 검사가 형사사건에 대해 법원에 심판을 청구하는 권리를 공소권이라고 하는데, 공소권은 법조인 중에서 오직 검사만이 가질 수 있는 권리다. 그런 면에서 검사는 형사사건에 대하여 공소를 할 수 있다. 일반적으로 형사 범죄 사건에 대하여 경찰도 수사를 할 수 있지만, 경찰에게는 공소권이 없다. 이로써 검사가 하는 일과 경찰이 하는 일이 구분된다.

변호사는 공법이나 사법 등 모든 법에 문제가 생겨 재판에 넘겨진 사람들을 변호하는 직업이다. 어떤 사람이 형사나 민사 재판에 넘겨지면 소송법에 따라 재판을 받는데, 이때 법률 전문가의 도움이 필요하다. 왜냐하면 일반인은 복잡한 법률에 대해 잘 모르므로 법률 전문가의 도움이 필요하기 때문이다. 이때 변호사는 의뢰인이 제시한 사건에 대하여 법률적 조언을 해줄 뿐 아니라 필요할 경우 의뢰자 대리인의 역할도 한다. 그리고 법정에서 의뢰인을 대신하여 답변서를 작성하기도 한다. 이 모든 일을 하는 사람을 변호사라고 한다.

법조인이 가질 수 있는 직업의 분야

우리나라에서 법조인은 판사, 검사, 변호사만을 통칭하는 용어로 사용되는 경향이 있다. 그렇다면 법과대학 교수는 법조인일까, 아닐까? 법과대학 교수가 변호사 자격증이 있다면 법조인이지만, 변호사 자격증이 없다면 법조인이 아니다. 이것이 우리나라에서 통상적으로 적용되는 법조인의 구분이다. 즉, 우리나라에서 법조인이란 대한민국 변호사 자격이 있는 사람을 뜻하는 용어라고 이해해도 좋다.

이런 기준으로 볼 때 변호사 자격증이 없는 법학대학 교수, 법학자, 외국법자문사 등은 법무 일에 종사하고 있지만 법조인으로 분류하지 않는다.

한편, 앞에서는 법조인이 가질 수 있는 직업의 분야로 판사, 검사, 변호사라는 직업만을 다루었는데, 법조인이 종사하는 직업의 분야는 이보다 더 넓게 분포하고 있다. 변호사 자격이 있는 경우 헌법재판소 헌법 연구관이나 헌법재판연구원 교수 등의 직업에도 종사할 수 있다. 또 각급 법원의 재판연구원으로도 일할 수 있다. 그 외에 변호사 자격을 가지고 경찰공무원이나 각급 부처의 공무원으로 일하는 사람도 있고 대학교수로 일하는 사람도 있으며 국회의원 등 정치인으로 활동하는 사람도 있다. 이들은 모두 다른 직업을 가지고 있지만, 변호사 자격을 갖고 있기 때문에 법조인으로 분류된다.

넓은 의미의 법조인도 있다

우리나라에서는 변호사 자격증이 있는 사람을 법조인이라고 분류하는데, 이에 대해 부정적으로 보는 사람도 적지 않다. 법조인에 대한 이런 분류 기준은 한국법조인대관에서 등재 기준으로 삼는 분류법이다. 하지만 이러한 분류는 권위주의 시대의 산물인 법조삼륜(法曹三輪, 판사, 검사, 변호사)에 기인한 분류법이라는 비판이 있는 것이 사실이다.

실제 법을 다루는 과정에서 판사, 검사, 변호사가 함께 일하는 곳은 형사재판밖에 없다. 형사재판에만 검사가 필요하기 때문이다. 그 외 나머지 재판에서는 오직 판사와 변호사만 함께 법의 정의를 다루게 된다. 또한, 오늘날 변호사는 단지 사법부에서만 일하지 않고, 행정부는 물론이고 심지어 일반 기업에 취직하여 일하기도 한다. 그런 점에서 법조삼륜에 기인한 법조인의 분류는 권위주의의 산물이라는 비판에 직면할 수밖에 없다.

법조인의 사전적 의미는 '법률 사무에 종사하는 사람, 법률 실무에 종사하는 사람'이다. 우리나라에서 판사, 검사, 변호사 외에도 법률 사무에 종사하는 사람도 많다. 예를 들어 법원이나 검찰청 등에서 일하는 공무원들은 모두 법률 업무에 종사하는 사람들이다. 그 외에 법무사 역시 법률 업무에 종사하는 사람이라고 할 수 있다. 이렇듯 넓은 의미로 볼 때 법조인의 영역은 더 확대될 수 있다.

판사, 검사, 변호사 외에 법률 업무에 종사하는 직업을 열거해 보면 다음과 같다.

- 법조 관련 공무원

- 법무사

- 노무사

- 세무사·관세사

- 변리사

- 공인중개사

- 재판연구원

이들은 모두 각각의 전문적인 법률에 따라 법률 사무나 실무를 진행하는 직업인이다. 법조인을 법률 사무에 종사하는 사람, 법률 실무에 종사하는 사람이라고 했을 때 이 직업들 역시 넓은 의미의 법조인에 포함된다.

한편, 법조인이라는 용어와 비슷한 법률가라는 말도 있다. 법률가는 법조인을 포함하는 말도 되면서, 법학대학에서 법을 가르치는 법학자를 일컫는 의미도 포함한다.

법에 관심이 있다면 판사, 변호사, 검사 외에도 많은 직업이 있다는 점을 알아두자. 꿈으로 가는 길은 우리가 생각하는 것보다 훨씬 더 넓고 다양하다. 판사, 변호사, 검사라는 이름난 직업도 좋지만 법을 사랑하는 마음과 관심을 조금 더 폭넓게 써보자.

법조인이 하는 일과 직업의 특징

인간사회에서 생활하는 모든 사람은 법의 지배를 받으며 살아간다. 하지만 일반 사람들은 법에 대한 세세한 내용을 모르기에 법에 위반된 행동이라고 지적받을 때 매우 민감히 반응할 수밖에 없다. 법조인은 이러한 사람들의 행동에 대하여 법으로 잘잘못을 가르는 직업이기에 억울한 사람들이 없도록 하는 것이 매우 중요하다. 하지만 실제 법정에서는 억울한 사람이 생기는 일이 생각보다 많이 일어나고 있다. 이는 같은 법조문이라도 법조인의 해석에 따라 다른 판결이 나오기 때문이다.

법조인이 하는 일

다른 사람들과 어우러져 살다 보면 갈등이 생길 수밖에

없다. 어릴 때는 학교에서 친구들과 싸움이 날 수도 있고, 집에서도 형제간에 문제가 생겨 다툴 수도 있다. 이때 학교에서 생긴 문제는 선생님이 해결해주었고, 집에서 생긴 문제는 부모님이 해결해주었을 것이다.

학교나 가정에서 생긴 문제를 선생님이나 부모님이 해결해줄 수 있었던 것은 그 문제가 법적으로까지 가지 않아도 될 만큼 작은 문제였기 때문이다. 하지만 성인이 되어 사회에 나와서 겪는 문제 중에는 법적인 문제로까지 커지는 일들이 적지 않다. 물론 양심적으로 사는 사람들은 대부분 평생 법조인을 만나지 않고도 잘 살아간다. 이렇게 법조인은 법적인 분쟁이나 갈등이 생겼을 때 여러 분쟁을 법적으로 해결하도록 도와주는 직업이다.

한편, 인류가 탄생한 이래로 어떤 사회든 간에 범죄가 발생하지 않는 사회는 없다. 범죄 중에는 도둑과 강도도 있고 심지어 살인도 있다. 사실 최초의 법은 이러한 범죄 때문에 생긴 형사법이다. 가장 오래되었다고 전해지는 함무라비 법전 제8조에는 "사람이 소나 양이나 나귀나 돼지를 훔쳤는데 그게 만약 신전이나 궁전의 것이면 30배를 물고, 천민의 것이면 10배를 물어야 한다. 만약 도둑이 그렇게 할 능력이 없으면 그를 사형에 처한다."라는 규정이 있다.

이처럼 사람이 사는 사회에는 범죄가 발생할 수밖에 없

는데, 이때 국가는 범인을 잡고 처벌하는 일을 해야 한다. 법조인이 바로 이러한 일을 담당한다. 우리나라 시스템에서는 경찰이 범인을 검거하고 검사가 이 범인의 죄를 상세하게 조사하여 기소하는 일을 한다. 기소란 법원의 재판에 넘기는 것을 뜻한다. 그리고 법원의 판사는 이 사람이 정말로 죄를 지은 것이 맞는지 판단해서 형량을 정하는 일을 한다.

또한 법조인은 헌법연구관이나 헌법재판연구원 교수, 각급 법원의 재판연구원으로도 일하게 되는데, 이때는 주로 법에 관한 연구가 주된 업무이다. 법이란 결국 사회적 약자의 권익을 옹호하는 데 주된 목적이 있다. 그러므로 여기에 문제가 되는 악법은 없는지, 그리고 국민 전체의 권리를 보호하는 데에도 법의 목적이 있으므로 현재의 법에서 더 개선되어야 할 법은 없는지 살피는 자세도 중요하다.

높은 윤리 의식이 필요하다

법조인은 한 사람이라도 억울한 사람이 나오지 않게 법을 적용하고 판단하는 능력이 요구되는 직업이다. 나아가 사회적 신분의 높고 낮음에 상관없이 모든 사람이 공정하게 법의 적용을 받을 수 있게 하는 것도 중요한 직업적 특성이다. 이와 관련하여 2007년 법조윤리협의회에서는 법조인 윤리선언을 제정하여 모든 법조인이 이를 선언하고 지키도록 권장하고 있다. 법조인 윤리선언의 내용을 소개하면 다음과 같다.

우리는 법조인으로서 인권이 보장되는 정의로운 사회를 추구하면서, 사법에 대한 국민의 신뢰를 높이고 올바른 법조인 상을 확립하기 위하여 다음과 같이 나아갈 것을 엄숙히 선언한다.

첫째, 우리는 인권 옹호와 정의 실현이 최고의 사명임을 분명히 인식한다.

둘째, 우리는 법의 정신과 양심에 따라 행동하고, 일체의 부정을 배격한다.

셋째, 우리는 사회적 약자의 권익을 옹호하고, 국민 전체의 권리 보호에 앞장선다.

넷째, 우리는 지위와 권한을 남용하지 아니하고, 경력과 개인적 인연을 부당하게 이용하지 아니한다.

다섯째, 우리는 경청하고 배려하는 자세로 성의와 정성을 다하여 직무를 수행한다.

여섯째, 우리는 윤리의식을 고양하는 데 힘쓰며, 윤리규범을 철저히 준수한다.

이상의 내용에서 우리는 법조인의 직업적 특성을 고스란히 엿볼 수 있다. 오늘날 법조인은 대한민국 사회에서 고위 권력층으로 인식되고 있는 직업이다. 고위 권력층에 해당하는 직업에 종사하다 보면 자연히 국민을 아래로 보는 마음이 생기게 된다. 그러다 보면 인권을 해치는 부당한 일이 일어나기도 한다. 개인적 인연을 통하여 부정한 청탁을 받을 수도 있으며, 이런 구조 속에서 사회적 약자가 오히려 피해를 입을 수도 있다. 실제 우리나라의 법조계에서 일어나고 있는 일이다.

그런데 법이란 무엇인가? 법이 존재하는 이유는 사회적 강자에 의해 사회적 약자의 인권이 피해받는 일이 없게 하고, 불공정한 일이 일어나지 않게 하기 위함이다. 이처럼 정의와 인권의 최중심에 있는 법을 다루는 일을 하는 법조인이 법의 정신에 어긋난 일을 한다는 것은 민주주의 국가에서 있을 수가 없다. 이 때문에 법조인이라는 직업은 높은 윤리의식이 요구된다. 이는 역으로 윤리의식에 문제가 있는 사람은 법조인이 되어서는 안 된다는 것을 뜻한다.

따라서 법조인이 되려는 사람은 단지 법에 대한 지식만 쌓으면 안 되며, 높은 도덕성을 가지기 위한 자기 수양도 필요하다.

법조인에게 요구되는
지식과 능력

법조인이 되기 위해서는 먼저 복잡하고 어려운 법을 공부해야 하기에 기본적으로 암기력 등 높은 지적 능력이 필요하다. 법조인이 되기 위한 변호사 시험을 통과해야 하기 때문이다. 하지만 변호사 시험에 합격했다고 다 끝난 것이 아니다. 법조인으로 살아가려면 법조인으로서의 실력을 쌓아야 한다. 좋은 법조인이 되기 위해서는 어려운 법률을 적용할 수 있는 판단력과 분쟁 당사자 간에 누가 옳은가에 대한 분별력이 필요하다.

첫 번째 관문, 높은 학업성적

2017년 사법시험 제도가 폐지되고 로스쿨 제도가 생기면서 법조인이 되기 위해서는 먼저 로스쿨 합격 조건을 알아봐야 하는 시대가 되었다. 현재 로스쿨(법학전문대학원)은 서울의 주요 대학 12개와 지방의 13개 대학에서 운영하고 있다. 2022년 로스쿨 합격자를 기준으로 볼 때 가장 많이 합격한 학과는 사회 및 경영 계열의 사회학과, 정치외교학과, 회계학과, 경영학과, 경제학과 등으로 나타났으며 법학과 출신은 4위였다.

전국 25개의 로스쿨 중 변호사 시험 합격률을 살펴보면, 서울 주요 대학의 로스쿨 합격률이 지방 소재 로스쿨보다 더 높은 것으로 나타나 있다. 2023년에 시행된 제12회 변호사 시험에서 합격률이 약 53%였는데, 서울 주요 대학 로스쿨의 평균 합격률은 62.53%인 반면, 지방대학 로스쿨의 평균 합격률은 47.55%였다.

결국 로스쿨도 대학별 격차를 보이고 있으므로 가능한 성적이 좋은 학생들은 서울 주요 대학의 로스쿨에 진학하려 할 것이다. 그에 따라 경쟁률도 높아질 수밖에 없기 때문에 좋은 로스쿨에 입학하기 위해서는 대학부터 치밀하게 준비해야 한다.

현재 로스쿨 입학 조건에서 가장 중요한 비중을 차지하는 것이 법학적성시험(리트, LEET)이다. 이것은 법학을 공부하기에 적합한 적성을 가졌는지 알아보는 시험으로, 논리력을 갖춰야 풀 수 있는 난해한 문제가 출제된다. 다음으로 대학의 학부 성적을 중요하게 따지는데, 적어도 평균 평점 4.2 이상의 성적을 요구한다고 알려져 있다. 그 외 어학 시험과 자기소개서 등이 요구되는데, 반영 비율은 상대적으로 낮은 편이다.

2024년도 로스쿨 입학 경쟁률은 5.57 대 1로 높은 수준을 나타냈다. 주요 대학의 로스쿨에 입학하기 위해서는 이처럼 높은 수준의 경쟁률을 뚫어야 하므로 법학적성시험에서 높은 점수를 얻는 것과 대학 때부터 높은 수준의 학업 성적을 유지하는 것이 절대적으로 필요하다.

로스쿨에 합격했다고 해서 법조인의 꿈이 이루어지는 것은 아니다. 3년간 로스쿨에서 공부한 후 변호사 시험에 합격해야 비로소 법조인이 된다. 전국 로스쿨 졸업생의 변호사 시험 합격률은 57%를 조금 넘는 수준이다. 따라서 로스쿨에 입학한 후에도 열심히 노력해야 비로소 법조인의 꿈을 이룰 수 있다.

법조인을 뽑는 방법이 로스쿨 제도로 변경되면서 과거 사법시험 제도 때보다 학업 수준이 낮아졌다는 평가도 있지만, 현재 로스쿨을 통하여 법조인이 되는 과정도 결코 만만치 않다. 학업성적의 수준만 봐도 알 수 있다. 그런 점에서 법조인이 되고자 한다면 고등학교 때부터 공부를 열심히 하고 높은 성적을 유지하는 것이 유리하다.

법조인의 분별력과 판단력

　법을 적용하고 심판하는 법조인에게는 솔로몬의 지혜가 필요하다. 솔로몬은 서로 자기 아이라며 싸우는 두 여인을 향해 아이를 반으로 갈라 서로 나누어 가지라는 판결을 내린다. 그러자 한 여인은 아이를 살리기 위해 포기하지만, 다른 여인은 갈라서 나누어 가지는 쪽을 선택한다. 솔로몬은 이 모습을 보고 아이를 포기한 여인이 진짜 엄마라고 판결한다. 진짜 아이의 엄마이기에 아이를 반으로 가르는 것을 받아들이지 않았을 거라고 판단한 것이다.

　만약 판사가 분별력과 판단력이 흐려서 가짜 여인을 아이의 진짜 엄마로 판결했다고 생각해보라. 그것은 아이의 진짜 엄마에게는 절망이요, 아이에게도 재앙이 아닐 수 없다.

　수사를 하거나 재판을 하다 보면 쉽게 판결할 수 있는 사건도 있지만 애매모호한 것들이 대부분이다. 이때 법조인에게 가장 요구되는 덕목이 바로 정확한 분별력과 판단력이다. 분별력이란 어떤 일에 대하여 옳고 그름을 적절하게 판단하는 능력이다. 판단력이란 일정한 논리나 기준에 따라 옳은 것을 결정하는 능력이다. 분별력과 판단력은 서로 연결되어 있으며 분별력이 높은 사람은 판단력도 높을 수밖에 없다.

　다음 이야기를 읽고 자신의 분별력과 판단력을 시험해

보자.

갈대 줄기로 만든 지팡이를 짚고 있는 노인과 지팡이가 없는 노인이 판사 앞에 나와 잘잘못을 가려 달라고 한다. 지팡이가 없는 노인이 "저는 오래전에 저 노인에게 돈을 빌려주었습니다. 그런데 돈을 돌려달라고 재촉하자, 빌린 기억이 없다고 말했습니다." 하고 하소연하였다.

그러자 지팡이 짚은 노인이 "제 기억이 희미해서 돈을 빌렸을 수도 있습니다. 그러나 돈을 빌렸다면 틀림없이 갚았을 것입니다. 영주님의 지팡이를 좀 빌려주십시오. 제가 그 돈을 빌렸다면 틀림없이 갚았다고 지팡이 손잡이에 있는 십자가에 손을 얹고 맹세하려고 합니다."라고 말했다.

영주가 지팡이를 빌려주자 노인은 자신의 지팡이를 상대방 노인에게 맡기고는 그 지팡이의 십자가에 손을 얹고 맹세했다. 이 모습을 보고 있던 돈을 빌려준 노인은 맹세까지 하는 모습에 '내가 돈을 받았는데 잊어버렸나 보다.' 하고 생각하고 재판을 포기하겠다고 선언했다. 그러자 돈을 빌렸던 노인은 자신의 지팡이를 돌려받고는 황급히 법정에서 나가 버렸다. 영주는 갈대로 만든 속이 빈 노인의 지팡이를 떠올리며 고개를 갸우뚱했다.

여러분은 이 재판이 올바르게 진행되었다고 보는가? 한 번 자신의 분별력과 판단력을 동원하여 생각해보라. 사실 이 이야기는 유명한 소설 『돈키호테』에 나오는 한 장면으로, 돈키호테의 하인 판초가 한 지역의 영주가 되어 판결하는 모습이다. 판초는 두 노인을 다시 불러오게 한 후 지팡이를 짚고 있는 노인의 지팡이를 빼앗아 갈대 줄기를 꺾어 속을 꺼내라고 명령한다. 그러자 놀랍게도 그 갈대 줄기 속에서 금화가 나오는 것이 아닌가. 그 금화는 지팡이를 가진 노인이 빌려 간 돈과 일치하였으므로 판초는 돈을 빌려준 노인에게 그 금화를 주면서 재판을 마무리한다.

판초는 어떻게 이런 지혜로운 판결을 할 수 있었을까? 그는 노인이 자신의 지팡이가 있음에도 불구하고 판초의 지팡이를 빌려달라고 한 후 거기에 맹세하는 모습에서 힌트를 얻을 수 있었다. 마침 갈대로 만든 그 노인의 지팡이는 속이 비어 있어 그 속에 무언가 있을 거라고 생각하게 되었고, 결국 그 지팡이 속에서 금화가 나와 재판을 마무리할 수 있었다.

분별력과 판단력은 재판에 나온 사람의 사사로운 표정과 말, 행동에서도 힌트를 얻을 수 있는 능력이다. 법조인을 꿈꾸는 사람이라면 이같은 분별력과 판단력을 키우기 위해 노력해야 한다.

날카로운 논리력과 추리력

법조인은 사건을 다루는 일을 하므로 사건의 해결 능력을 갖추는 것이 필수 자질로 대두된다. 사건은 본인이 진실을 말하지 않는 한 매우 복잡한 퍼즐을 푸는 것과 비슷하게 진행되기 마련이다. 이처럼 복잡한 퍼즐을 풀기 위해서는 날카로운 추리력이 필요하다. 추리력이란 현재 나와 있는 사실을 바탕으로 모르는 것을 미루어 알아내는 힘이다. 이러한 추리력을 키우는 데 필요한 것이 또한 논리력이다. 논리력이란 현재 나와 있는 사실을 이치에 맞게 표현하는 능력이다. 즉, 현재 나와 있는 사실을 바탕으로 이치에 맞게 논리적으로 풀어내면 모르는 것을 알아내는 추리력을 쉽게 발휘할 수 있다. 이처럼 논리력과 추리력은 실과 바늘처럼 서로 긴밀히 연결되어 있다.

우리는 추리력의 대가로 셜록 홈즈를 떠올린다. 셜록 홈즈는 상대를 스캔하는 것만으로도 여러 정보를 추리해내는 것으로 유명하다. 이를 빗대 '셜록 스캔'이라는 말이 유행하였다.

예를 들어 홈즈는 반지 하나를 가지고도 그 반지의 주인이 결혼생활을 10년 정도 했으며 결혼생활이 행복하지 않았을 거라고 추리한다. 홈즈가 이러한 추리를 할 수 있었던 것은 반지를 끼고 있던 사람의 다른 장신구는 깨끗했으나 반지만 더러웠기 때문이었다. 반지가 더러워진 모습에서 결혼생활을 한 지 시간이 꽤 경과되었을 거라고 추리했다. 또한, 부부간의 사랑을 상징하는 반지만 더러워진 모습에서 결혼생활이 행복하지 않았음을 추리했다. 셜록 홈즈가 이러한 추리를 하는 배경에는 뛰어난 관찰력을 통한 논리적 추론이 들어있다.

법조인은 사건을 다룰 때 이러한 논리력과 추리력이 필요하다. 논리력과 추리력을 키우기 위해 날카로운 관찰력을 키우는 능력 또한 필요하다. 『셜록 홈즈』 같은 추리소설을 많이 보는 것도 법조인이 되는 데 도움이 될 수 있다.

고대 로마의 사법 재판

성경에는 고대 로마의 재판 장면이 나온다. 당시 사도 바울은 예수의 부활을 주장했다는 죄목으로 유대인에게 재판을 받았다. 유대인의 재판관은 바울을 끌고 나와 무리 앞에 세우고 사실을 따질 것 없이 다짜고짜 무리들에게 바울의 입을 치라고 명령하는 식으로 재판을 진행했다. 다행히 바울은 기지를 발휘하여 로마 총독의 재판을 다시 받게 된다. 당시 유대는 로마의 식민지였기 때문에 자체적인 사법권이 없었고 바울은 로마의 시민권이 있었으므로 로마의 재판을 받을 자격이 있기 때문이었다.

당시 로마의 유대 총독은 베스도였고 그가 바울 재판의 재판장이었다. 그런데 베스도의 재판 진행은 유대인의 재판과는 사뭇 다르게 진행된다. 베스도는 먼저 바울의 처형을 재촉하는 유대인에게 "로마에는 피고인에게 항변할 기회를 주지 않고 처벌하는 법은 없다."라고 말한다. 실제 당시 로마의 법에는 고소자의 말만 듣고 처벌하는 규정이 없었다. 반드시 피고의 항변을 듣고 죄를 입증하는 과정을 거친 후 죄가 인정되면 처벌하도록 법에 규정되어 있었다.

로마 총독 베스도는 원고들이 피고의 죄목을 늘어놓았지만 입증될 만한 증거는 하나도 없다며 원고들의 주장을 방어했다. 원고들이 주장하는 것은 바울이 죽은 예수가 다시 살아났다고 선동했다는 것뿐인데, 이것은 유대의 종교적인 문제에 해당한다. 하지만 로마법에 유대의 종교적인 문제를 판단하는 법 조항은 없다. 이 때문에 베스도는 바울의 죄를 입증할 만한 증거가 하나도 없다고 말한 것이다.

우리는 베스도의 재판 진행 과정을 통하여 당시 로마가 얼마나 민주적인 재판을 진행하였는지 알 수 있다. 아무리 피고가 죄를 지었다 하더라도 항변할 기회를 준다는 것은 오늘날 변호사 제도를 두어 자신을 방어할 기회를 주는 것에 비교할 수 있다. 또한 증거 없이 죄를 인정할 수 없다는 점은 오늘날 철저히 증거에 의해 죄를 판단하는 것과 비교할 수 있다.

고대에는 오늘날처럼 과학 수사가 발달하지 않았기 때문에 증거 없이도 심증에 의해 처벌하는 사례가 대부분이었을 것이다. 그런 가운데 증거주의를 채택하였던 고대 로마의 사법 재판은 오늘날에도 귀감이 되고 있다. 고대 로마의 법 중에는 중세를 거쳐 현대에까지 이어지는 부분도 있다.

2장
변호사
마스터플랜

변호사는
어떤 직업일까?

　법조인이 되고자 한다면 법조인의 가장 기본이 되는 변호사에 대해 알아보는 것이 중요하다. 법조인이 되기 위해서는 먼저 변호사가 되어야지 그다음 검사나 판사로 진출할 수 있기 때문이다.

변호사의 정의와 주요 업무

　변호사란 간단히 말해 피고나 원고를 변론하는 일을 하는 사람이다. 피고는 재판을 당하는 사람이고 원고는 재판을 건 사람이다. 우리나라 법에서는 재판을 진행할 때 반드시 변호사의 도움을 받아야 하는 강제조항이 없다. 독일 같은 나라는 재판을 진행할 때 강제로 변호사를 선임하도록 규정하고 있다. 그럼에도 불구하고 거의 관행적으로 변호사를 선임하여 재판을 진행하는 경우가 대부분이다. 이것이 재판을 진행하는 데 비용이 많이 드는 원인이 되기도 하는데, 법률적 지식이 약한 사람이 재판을 유리하게 진행하기 위해서는 사실상 변호사의 도움이 있어야 하므로 변호사는 재판에서는 거의 없어서는 안 될 직업이다.

변호사가 하는 일에 대해서는 변호사법 제3조에 "당사자와 그 밖의 관계인의 위임이나 국가·지방자치단체와 그 밖의 공공기관 위촉 등에 의하여 소송에 관한 행위 및 행정처분의 청구에 관한 대리행위와 일반 법률 사무를 하는 것을 그 직무로 한다."라고 규정되어 있다. 이것을 조금 풀어서 쉽게 설명해보자.

변호사의 일은 크게 소송 관련 업무, 법률대리 업무, 일반 법률 사무 등으로 나눌 수 있다. 먼저 소송 관련 업무는 소송을 하게 된 의뢰인의 선임에 의해 업무가 시작된다. 이때 의뢰인은 개인이 될 수도 있지만 기업이나 지방자치단체, 공공기관 등이 될 수도 있다. 소송이 진행되면 변호사는 법원에 제기된 재판에 대하여 소송대리인이나 변호인 등으로 일을 진행한다. 소송대리인이란 소송 당사자를 대신하여 재판의 전 과정을 진행하는 사람을 뜻한다. 이때 소송 당사자는 전권을 변호사에게 맡겨 재판을 진행한다. 변호인으로 일할 때는 소송 당사자와 함께 재판을 진행하며 변호하는 일을 한다.

소송 관련 업무에서 변호사가 하는 구체적인 일은 생각보다 복잡하다. 변호사는 소송을 제기하기도 하지만 때에 따라 소송을 중단하는 업무도 한다. 또 서로 간에 조정과 화해 등의 절차를 진행하기도 한다. 형사사건의 경우 피고인이나 피의자 등을 만나 사건의 경위를 듣기도 해야 한다. 한편 증거 확보를 위해 필요한 서류가 있을 시 증거물 열람, 복사 등의 일도 해야 하며, 소송의뢰인을 위해 구속 취소나 보석(일정한 보증금을 받고 피고인을 석방하는 제도) 등과 같은 업무도 한다. 변호사 업무의 하이라이트는 법정에서 소송의뢰인을 대리하거나 변호하는 일이다. 이때 소송의뢰인을 대신한 의견의 진술, 공격, 방어 등 변론하는 업무를 진행한다.

재판 관련 업무 외에 변호사가 하는 일

변호사는 재판 관련 업무 외에도 다양한 업무를 한다. 먼저 변호사는 법률 전문가로서 법률상담 업무를 한다. 법과 관련된 문제에 있어 변호사는 우리나라에서 가장 높은 법 지식을 가지고 있는 전문가이기 때문이다. 또한, 변호사는 법률적으로 증거가 될 만한 각종 문서를 작성하는 업무도 한다. 예를 들어 차용증서, 채무승인서, 재판 외 화해 계약서 등을 변호사를 통하여 작성해두면 나중에 분쟁이 생길 시 유리하게 활용할 수 있다. 이러한 문서작성 업무 중 공증업무도 진행한다. 공증이란 문서에 관한 내용을 공적으로 증명함으로써 문서에 대한 법적인 증거능력을 확보해 두는 제도를 말한다. 예를 들어 주식회사의 정관이나 유언장 등에 대하여 공증을 받아놓으면 나중에 소송이 걸릴 시 유리한 증거로 사용할 수 있다.

어떤 경우 분쟁과 관련된 자료를 조사해야 할 때가 있다. 이때 변호사는 이러한 자료의 열람 등의 업무도 대행할 수 있다. 변호사는 일반인보다 분쟁 해결에 필요한 자료를 수집하는 것이 쉽기 때문이다. 그 외에도 변호사는 소송에 넘겨지기 전 단계로서 각종 분쟁의 조정·중재 신청을 대리하는 일도 할 수 있다. 조정·중재 신청에 뜻을 둔 변호사는 공적으로는 이들 분쟁조정·중재위원회에 위원으로 활동하기도 한다.

또한 변호사는 행정청에 처분을 구하거나 이의신청, 심판청구, 재정신청 등의 법률적인 일도 대리할 수 있다. 이의신청이란 내려진 판결이나 처분에 대하여 법률적 절차에 의해 이의를 신청하는 행위이고, 심판청구란 부당한 행정처분의 재심사를 청구하는 행위이다. 재정신청은 고소나 고발 사건에 대해 검사가 불기소 결정을 내렸을 때, 그 결정에 불복하여 공판에 넘겨줄 것을 청구하는 행위이다. 이러한 법률적 행위는 법률적 지식이 없는 일반인이 진행하기 어려우므로 법률 전문가인 변호사가 대리하여 진행할 수 있다.

변호사가 근무하는 형태와 규모도 다양하다

변호사는 주로 변호사 사무실에서 근무한다. 변호사 사무실은 1인 변호사 사무실부터 무려 1,000명이 넘는 대형 변호사 사무실까지 다양하다. 대형 변호사 사무실을 '로펌'이라고 부르는데 이는 변호사들로 구성된 일종의 법률회사이다. 로펌에는 법무법인 형태로 운영되는 곳도 많은데, 법률사무소가 개인사업자가 모여 커다란 조직으로 운영되는 반면, 법무법인은 전체가 하나의 회사처럼 운영된다는 점에서 차이가 있다.

큰 규모의 로펌이 작은 변호사 사무실에 비해 유리한 이유는 각 변호사가 전문 분야별로 나뉘어 조직적으로 법률 서비스를 제공할 수 있기 때문이다. 고객들은 아무래도 해당 분야의 전문 변호사를 원하는데, 작은 변호사 사무실의 경우 이에 대응하기에 부족한 반면, 큰 대형법률사무소는 많은 분야를 다룰 수 있기에 유리하다.

이런 로펌들이 일반 변호사 사무실과 다른 것은 시니어

변호사와 주니어 변호사 체제로 운영된다는 점이다. 시니어 변호사는 경력이 많고 이름이 알려져 많은 일을 따올수 있는 위치에 있다. 이에 일손이 부족해 주니어 변호사를 고용하여 함께 일한다. 주니어 변호사는 시니어 변호사로부터 일을 배우며 나중에 자신이 시니어 변호사가 되기도 한다.

한편, 1인 변호사 사무실은 변호사 혼자 몇 명의 직원을 두고 변호사 업무를 진행하는 형태를 말한다. 변호사 사회에서는 1인 변호사 사무실 형태가 가장 많다고 알려져 있다. 합동 변호사 사무실도 있는데, 이것은 1인 변호사들이 서로 모여 하나의 사무실을 쓰기에 붙여진 이름이다. 1인 변호사라 하더라도 일이 아주 많으면 혼자 감당하지 못하기 때문에 월급 변호사를 고용하여 쓰는 경우도 있다.

변호사가
되기까지

우리나라에서 변호사가 되기 위해서는 변호사 시험에 합격해야 한다. 변호사 시험을 치르기 위해서는 자격조건이 있는데, 바로 로스쿨을 졸업해야 한다는 점이다. 어떤 사람이 로스쿨에 입학할 수 있을까?

로스쿨 입학 조건

로스쿨은 대학 과정이 아닌 대학원 과정이며, 정식 명칭은 법학전문대학원이다. 우리나라에서 대학원에 들어가기 위해서는 대학 졸업 자격이 있어야 한다. 따라서 로스쿨 입학 조건 첫 번째가 바로 대학 졸업 자격이다. 그 외 로스쿨의 입학 조건은 법학적성시험(LEET)과 토익, 토플, 텝스를 포함한 공인영어 성적, 대학의 성적 등이다. 그 외 대학별로 자기소개서와 구술면접을 본다. 로스쿨 입학 조건을 정리하면 다음과 같다.

❶ 법학적성시험(LEET)
❷ 공인영어 성적
❸ 대학 학부 성적
❹ 자기소개서 및 면접

이 중 로스쿨에서 최근 가장 중요하게 보는 것이 법학적성시험이다. 법학적성시험은 7~8월에 시행하여 한 달 후에 결과를 발표하는 방식으로 진행하는데, 그 내용은 언어이해 30문항, 추리 논증 40문항, 논술 2문항으로 구성되어 있다. 논술 외에는 오지선다형으로 출제되는데, 실제 시험에 응시한 사람들의 이야기를 들어보면 충격과 공포라는 말이 나올 정도로 문제의 난이도가 높다고 알려져 있다. 따라서 법학적성시험을 잘 보기 위한 철저한 준비가 필요하다. 서울 상위권 대학의 로스쿨에 합격하기 위해서는 거의 만점에 가까운 법학적성시험 성적을 받아야 한다고 한다.

영어성적은 대학마다 차이가 있지만, 토익을 기준으로 최소 700점 이상을 요구하고 있다. 학부 성적의 경우도 대학마다 차이가 있지만 로스쿨의 성격상 매우 높은 평균 학점을 요구하고 있다. 서울 상위권 대학 로스쿨의 경우 4.5점 만점에서 4.2 이상을 맞아야 들어갈 수 있는 곳이 대부분이다.

전국의 로스쿨 현황

로스쿨을 준비하기 위해 전국의 로스쿨 현황에 대해 알아두어야 한다. 현재 로스쿨은 전국 25개 대학에 설치되어 있으며 매해 2,000명의 학생을 선발하고 있다. 이 인원은 로스쿨이 처음 시행된 2009년 당시 정해졌다. 이 2,000명을 전국의 로스쿨이 나눠 가지는 방식으로 운영되고 있다. 물론 이 인원은 결원 보충 등의 이유로 10% 범위에서 변동이 있을 수 있다(2023년 기준). 서울의 12개 대학과 인천·경기 지역의 2개 대학, 그리고 비수도권 11개 대학에 로스쿨이 설립되어 있으며 대학별 모집 인원을 선발 학생 수 기준으로 보면 다음과 같다.

[서울 지역]

▷서울대(150명)

▷고려대(120명)

▷성균관대(120명)

▷연세대(120명)

▷이화여대(100명)

▷한양대(100명)

▷경희대(60명)

▷서울시립대(50명)

▷중앙대(50명)

▷한국외대(50명)

▷건국대(40명)

▷서강대(40명)

[인천·경기 지역]

▷인하대(50명)

▷아주대(50명)

[비수도권 지역]

▷부산대(120명)

▷경북대(120명)

▷전남대(120명)

▷충남대(100명)

▷동아대(80명)

▷전북대(80명)

▷영남대(70명)

▷충북대(70명)

▷원광대(60명)

▷강원대(40명)

▷제주대(40명)

각 로스쿨의 특성화 분야

전국의 로스쿨은 각각의 특성화 분야를 가지고 있다. 법학의 경우 다루는 분야가 워낙 넓고 다양하기에 이를 선택적으로 교육하기 위해 특성화 분야를 정하여 시행하고 있다. 각 대학의 특성화 분야는 다음과 같다.

[서울 지역]

▷서울대: 국제, 공익, 인권, 기업금융

▷고려대: GLP 국제

▷성균관대: 기업

▷연세대: 공공거버넌스, 글로벌 비즈니스, 의료·과학기술

▷이화여대: 생명의료, 젠더

▷한양대: 공익인권 및 거버넌스, 지식문화 및 과학기술

▷경희대: 글로벌기업

▷서울시립대: 조세

▷중앙대: 문화

▷한국외대: 국제

▷건국대: 부동산

▷서강대: 기업·금융

[인천·경기 지역]

▷인하대: 물류, 지적재산

▷아주대: 중소기업

[비수도권 지역]

▷부산대: 금융, 해운 통상

▷경북대: IT

▷전남대: 공익·인권

▷충남대: 지적재산

▷동아대: 국제상거래

▷전북대: 동북아

▷영남대: 공익·인권

▷충북대: 과학기술

▷원광대: 의·생명과학

▷강원대: 환경

▷제주대: 국제

대학 학부의 법학과와 로스쿨의 차이

현재 전국 25개 대학에 로스쿨이 설립된 것과 별도로 대학 학부에서 법학과를 운영하는 곳도 많다. 로스쿨 설립 원칙상 한 대학이 대학 학부의 법학과와 로스쿨을 동시에 운영할 수 없다. 이에 따라 로스쿨 유치에 성공한 대학들은 학부의 법학과를 모두 폐지하였다. 그러나 로스쿨 유치에 실패한 대학들은 여전히 법학과를 유지하고 있다.

대학의 학부에서 법학과를 유지하는 이유는 법학과 졸업 후 로스쿨에 진학하거나, 또는 법조인은 아니더라도 법과 관련된 다른 진로를 선택할 수 있도록 하기 위함이다. 앞에서도 이야기했듯 법과 관련된 직업으로 노무사, 감정평가사, 변리사, 법무사, 손해사정사, 공인중개사 등 다양한 직업이 펼쳐져 있다. 이 중 변리사 등은 고수익을 올리는 직업이기도 하다.

변호사 시험 세부 사항과 합격 조건

로스쿨에서 3년의 학업 과정을 거치고 나면 비로소 변호사 시험을 치를 수 있는 자격이 주어진다. 변호사 시험 응시 자격은 로스쿨 석사학위 취득자나 취득 예정자이다. 그렇다면 변호사 시험은 어떻게 시행될까? 2024년 1월에 시행된 제13회 변호사 시험을 기준으로 설명하면 다음과 같다. 변호사 시험은 대개 1월에 시행하여 4월경에 합격자를 발표한다. 제13회 변호사 시험은 2024년 1월 9일부터 13일까지 총 5일 동안 진행되었다. 날짜별 시험과목은 다음과 같다.

1일차 공법과목: 선택형(100점), 사례형(200점), 기록형(100점)

2일차 형사법: 선택형(100점), 사례형(200점), 기록형(100점)

3일차 휴식일

4일차 민사법: 선택형(175점), 기록형(175점)

5일차 민사법과 선택과목: 민사법 사례형(350점), 선택과목 1과목 사례형(160점)

변호사 시험은 상대평가로 합격자를 뽑는다. 합격자의 수를 정해놓고 그 범위에 드는 성적에 해당하는 사람만 합격시키는 방식이다. 이 때문에 매년 변호사 시험 합격률은 차이가 나타난다. 역대 변호사 시험 합격률을 비교해보면 1회 변호사 시험 합격률이 87.1%로 가장 높았고, 제7회 변호사 시험은 합격률이 49.4%로 떨어져 가장 낮은 수치를 기록했다. 2023년도에 진행된 제12회 변호사 시험 합격률은 52.99%로 나타났다.

변호사 시험의 상대평가에 대해 문제를 제기하는 사람들

이 많다. 매해 합격 인원이 바뀌기 때문에 도무지 어느 정도 공부해야 합격할 수 있는지 가늠하기 어렵기 때문이다. 또 변호사 시험은 로스쿨 졸업 후 5년 동안 5회까지만 응시할 수 있기 때문에 로스쿨을 졸업하고도 변호사 시험에 합격하지 못해 법조인이 되지 못하는 사람도 다수 발생한다. 이 때문에 변호사 시험 합격 조건을 절대평가로 바꾸어야 한다는 목소리도 있는 상황이다.

각 대학별 변호사 시험 누적 합격률

로스쿨을 졸업한다 해도 100% 변호사 시험에 합격하는 것이 아니기 때문에 각 대학별 변호사 시험 합격률이 중요한 문제로 대두하였다. 결국 로스쿨 역시 대학별로 서열화되는 문제가 있긴 하지만 현실적으로 로스쿨을 준비하는 학생들은 대학별 변호사 시험 합격률에 주목하지 않을 수 없다.

다음은 제1회부터 12회 변호사 시험까지 각 대학별 변호사 시험 누적 합격률이다. 누적 합격률은 졸업생 대비 합격자 수의 비율을 뜻하는 것으로 절대적 합격자 수와는 다른 지표이다.

[서울 지역(누적 합격률)]

▷ 서울대(83.04%)

▷ 연세대(78.47%)

▷ 고려대(77.63%)

▷ 성균관대(71.91%)

▷ 경희대(68.83%)

▷ 이화여대(67.45%)

▷ 서강대(65.77%)

▷ 한양대(64.88%)

▷ 중앙대(62.70%)

▷ 한국외대(62.21%)

▷ 서울시립대(60.03%)

▷ 건국대(50.14%)

[인천·경기 지역(누적 합격률)]

▷ 아주대(64.36%)

▷ 인하대(59.49%)

[비수도권 지역(누적 합격률)]

▷ 영남대(64.38%)

▷ 부산대(52.57%)

▷전남대(50.29%)

▷경북대(50.14%)

▷충남대(46.17%)

▷충북대(42.29%)

▷강원대(41.66%)

▷전북대(39.78%)

▷동아대(37.89%)

▷제주대(36.63%)

▷원광대(32.54%)

변호사라는 직업의
장단점

직업을 선택하기 위해서는 그 직업에 대해 신중히 알아보고 접근하는 태도가 필요하다. 직업이란 장기적으로 내밥벌이도 되면서 자아실현의 도구가 되기 때문이다. 직업은 취미생활처럼 내가 하고 싶을 때만 하는 것이 아니라 하기 싫을 때도 해야 하는 특성이 있다. 이러한 일을 장기적으로 하기 위해서는 무턱대고 어떤 느낌만으로 선택해서는 안 된다. 그 직업의 장점뿐만 아니라 단점도 살펴보고 신중히 결정하면 많은 오류를 줄일 수 있다.

변호사는 직업의 성취도가 높다

변호사라는 직업의 특징은 '변호'라는 뜻에 잘 나타나 있다. 변호의 사전적 뜻은 '남을 위해 변론해주고 도와줌'이다. 즉 변호사는 남의 송사(재판을 받는 일)를 도와주는 직업이다. 사실 보통 사람은 평생을 살면서도 송사에 휘말리는 경우가 거의 드물다. 그런 점에서 송사에 휘말린다는 것은 매우 큰 일이 터졌다는 것을 뜻한다. 변호사는 그런 송사에 뛰어들어 그 사람이 이길 수 있도록 돕는 일을 한다.

특히 형사재판의 경우 한 사람이 전과자가 되느냐 마느냐를 결정하는 중요한 순간이 될 수 있는 상황이다. 그런데 억울하게 기소당해서 재판받는 사람을 상대로 변호하여 무혐의나 무죄로 풀려나는 판결을 받게 될 때 그 성취감은 이루 말로 형언할 수 없다. 한 사람의 인생을 살려냈기 때문이다. 또 민사재판에서는 개인적 송사로 억울한 일을 당한 사람을 변론하여 억울함을 풀어주는 판결을 받게 되는데, 이때의 성취감은 그 어떤 직업보다 높다고 할 수 있다.

정년 걱정, 퇴직 걱정을 하지 않아도 된다

일반 회사에 다니거나 공무원을 하더라도 어느 정도 나이가 되면 정년퇴직을 해야 한다. 만약 정년퇴직을 할 정도로 회사를 다녔다면 이는 운이 좋은 편에 속한다. 많은 사람은 정년이 되기 전에 명퇴(명예퇴직)나 황퇴(황당한 퇴직) 등으로 회사를 나오는 경우도 허다하기 때문이다. 문제는 회사에서 나오면 어디 마땅히 갈 만한 데가 없다는

데 있다.

하지만 변호사의 경우 정년퇴직이 없다. 건강하기만 하다면 얼마든지 늦은 나이까지 일할 수 있다. 게다가 변호사는 혹시 어떤 일로 현재의 직장에서 그만두게 되더라도 갈데가 많다. 다른 변호사 사무실 문을 두드려도 되고, 변호사 사무실을 개업해도 된다. 참고로 변호사 사무실을 개업하는 데에는 사무실 보증금을 제외하고 최소로 비품을 구입한다면 수백만 원 정도면 가능하다. 컴퓨터와 복사기 책상 정도만 구비하면 되기 때문이다. 혹 어느 정도 경력이 된다면 판사나 검사의 임용에 문을 두드릴 수도 있다. 이도저도 아니면 변호사를 필요로 하는 기업에 취직해도 되고 경찰공무원으로 지원해도 된다. 이처럼 변호사는 일할 수 있는 범위가 매우 넓은 편이다.

로펌 변호사는 야근이 잦다

로펌에 근무하는 변호사 이야기를 듣다 보면 밤늦게까지 야근하는 일이 많다고 하는데, 여기에는 나름의 이유가 있다. 로펌 변호사는 의뢰인 상담이 잦고, 재판이 있을 경우 외근도 해야 한다. 그러다 보면 낮에 서류 관련 업무를 제대로 볼 시간적 여유가 없기 때문에 야근을 하는 것이다.

변호사 업무 중 중요한 것 중 하나가 바로 재판 관련 서면(일정한 내용을 글로 적는 것)을 작성하는 일이다. 여기서 서면이란 소장, 준비서면, 변론요지서, 상고이유서 등을 말한다. 서면 작성은 글쓰기의 일종이기 때문에 고도의 집중력이 필요하다. 그런데 낮 동안에는 흐름이 끊기는 일이 생기기 때문에 서면 작성에 집중할 수가 없다. 이 때문에 로펌의 변호사들은 대개 저녁 시간에 서면 작업을 시작하게 된다.

서면 작업은 대개 밤 10시나 11시가 되어야 끝이 난다. 만약 사건이 많이 걸리면 새벽까지 이어지기도 한다. 변호사들이 새벽까지 야근한다는 말을 들으면 고개를 갸우뚱하는 사람들이 많겠지만, 실제 로펌에서 일하는 변호사들은 1건의 사건만 진행하는 것이 아니라 여러 건의 사건을 동시에 진행하기 때문에 워낙 일이 많아 야근에 익숙한 경우가 대부분이다.

늘 어두운 사람들을 만나는 직업

변호사를 찾는 고객 중 웃으며 찾아오는 사람은 거의 없다. 모든 의뢰인이 송사에 휘말려 찾아오기 때문에 대체로 화가 많이 나서 얼굴을 찡그리고 있거나 불안과 두려움에 싸여 초조한 표정을 짓는 사람들이 대부분이다. 변호사는 바로 이런 사람들을 상대해야 하는 직업이다.

이런 의뢰인을 만나 이야기를 듣다 보면 대부분의 이야기가 우울하고 억울하며 황당하고 어두운 이야기뿐이다. 분위기는 전염되는 성질이 있는 법이다. 이런 어두운 이야기를 계속하여 듣다 보면 어느새 자신의 기분도 우울해질 수밖에 없다. 실제 많은 변호사가 이러한 우울을 견디다 못해 변호사 일을 그만두기도 한다. 그런 점에서 어떤 상황에도 크게 영향을 받지 않는 성격의 소유자가 변호사라는 직업에 적합하다.

만약 이런 분위기는 싫지만 변호사를 하고 싶은 사람이라면, 재판 외 사법연구원 등의 일을 알아보는 것도 좋은 방법이 될 수 있다.

노동력 대비 수입이 들어오는 구조

사람들은 변호사가 돈을 많이 버는 직업이라고 생각한다. 물론 변호사로서 일을 많이 한다면 그만큼 더 많은 돈을 벌 수는 있다. 하지만 노동력 대비 수입을 따졌을 때 변호사는 결코 돈을 많이 벌 수 있는 직업이라고 할 수는 없다. (물론 몇몇 엄청난 돈을 버는 변호사는 제외한다.) 이것은 보건복지부 통계에서도 잘 나타난다. 2021년 기준 의사의 평균 소득은 2억 6,900만 원으로 나타났는데, 같은 기간 변호사의 평균 소득은 의사의 절반에도 미치지 못하는 1억

1,500만 원으로 나타났다. 물론 1억 1,500만 원이 다른 직종에 비해 적은 소득은 아니지만 하는 일에 비해 많다고 할 수 없다. 변호사는 저 돈을 벌기 위해 밤늦게까지 뛰어다니고 일해야 한다.

변호사는 돈을 더 많이 벌기 위해 일을 더 많이 해야 한다. 너무 당연한 말이지만 동종업종이라 할 수 있는 세무사와 비교하면 뚜렷한 차이가 있다. 세무사의 경우 어느 정도 규모가 되면 일반 직원에게 일을 맡겨도 수입을 늘릴 수 있다. 하지만 변호사는 일의 특성상 다른 사람에게 맡기기가 어렵다. 베테랑 변호사일수록 자신이 직접 해야 하는 경우가 대부분이다. 즉, 변호사는 시간당 수입이 들어오는 구조이기 때문에 돈을 더 많이 벌려면 일을 더 많이 하는 수밖에 없다. 하지만 시간은 하루 24시간으로 한정되어 있고 잠도 자지 않고 일할 수는 없는 노릇이기에 수입을 더 늘리고 싶은 변호사는 한계에 부딪힐 수밖에 없다.

변호사의
하루 따라가기

대형 로펌에 취직한 변호사는 어떤 하루를 살아갈까? 다음은 〈한국일보〉 2020년 6월 15일 기사에 소개된 '대형 로펌 신입 변호사들의 일상'을 바탕으로 대형 로펌에 근무하는 신입 변호사의 일과를 재구성한 것이다.

대형 로펌에 취업한 신입 변호사의 하루

대형 로펌에 근무하는 L 변호사는 변호사 시험 제8회 출신이다. 대형 로펌은 세후 연봉이 1억 원을 훌쩍 뛰어넘기에 변호사 시험 합격자들이 선망하는 직장이다. L 변호사 역시 풍운의 꿈을 안고 이곳에 취직한 지 어느덧 2년 차를 맞이하고 있다.

어제 새벽 2시에 퇴근하여 몇 시간 자지도 못한 채 아침부터 출근을 서두른다. 새벽에 퇴근하기에 아무래도 출근 시간은 일반 직장인보다는 조금 늦는 편이다. 오전 10시경 부터 오전 업무가 시작된다. 현재 L 변호사는 소송에 관한 사무나 업무를 주로 다루는 송무부 소속이다. 따라서 소송 관련 일을 주로 담당하고 있다.

오전부터 정신없이 업무가 시작된다. L 변호사는 입사 2년 차로, 주니어 변호사이다. 주니어 변호사는 시니어 변호사와 호흡을 맞추어 일을 한다. 함께 일하는 시니어 변호사를 파트너 변호사라고 부르기도 한다. 시니어 변호사가 되려면 적어도 입사 7~10년 차 정도는 되어야 한다.

어제 밤늦게 갑자기 파트너 변호사로부터 지시가 떨어졌다. 그래서 오늘 오전에는 그 일을 처리해야 한다. 메일함을 열어보니 고객들로부터 온 문의 메일이 꽉 찼다. 그 메일에도 일일이 답변을 해줘야 한다. 이번에는 의뢰인으로부터 직접 전화가 온다. 그 전화에도 친절히 답변해줘야 한다. 상담 또한 변호사의 업무 중 하나이기 때문이다.

오전부터 너무 열심히 일해서인지 갑자기 배에서 꼬르륵 소리가 난다. 벌써 점심시간이다. 주 업무는 아직 손도 대지 못했는데 시간이 훌쩍 지나가 버렸다. 동료 변호사와 함께 점심을 먹으며 왜 이리 바쁘냐며 투덜거린다. 동료 변호사가 자신도 마찬가지라며 맞장구친다.

곧바로 이어진 오후 업무도 정신없이 이어진다. 오후에
는 회의가 예정되어 있는데, 회의 준비는 오롯이 신입의 몫
이다. L 변호사는 제발 회의가 빨리 끝나기만을 바라며 회
의를 준비한다. 회의는 한 번 시작하면 짧게는 10~20분에
끝나기도 하지만, 길어지면 2~3시간을 넘기기 일쑤다. 불
길한 예감은 틀리지 않는 법, 이번 회의는 무려 3시간 넘게
진행되었다. L 변호사는 이 긴 시간 동안 진행된 회의의 회
의록을 작성하는 업무도 도맡고 있다. 회의록을 작성해놔
야 회의 중간에 참여하거나 불참한 파트너 변호사가 회의
내용을 파악할 수 있기 때문이다.

회의 때문에 오후 시간이 훌쩍 지나가고 만다. 다행히 오
늘은 재판이 없어 외근 시간을 절약할 수 있다. 변호사로서
주 업무는 재판 참석과 재판과 관련된 서면을 작성하는 일
이다. 특히 서면 작성은 긴 시간과 긴 호흡을 필요로 해서
늘 신경이 쓰인다. 잔무가 쏟아지는 일과 시간에 서면을 작
성하기란 쉽지 않다. 그나마 한숨 돌리고 서면 작업을 시작
하려는데, 파트너 변호사들의 리서치 요구가 이어진다. 리
서치는 원하는 자료를 찾는 작업이다. 이 또한 시간이 걸리

는 작업이다. 결국 오늘도 L 변호사는 야근을 하며 서면 작업을 하는 신세가 되었다. 이렇게 일하다 보면 새벽 1~2시가 되기 일쑤다.

내일이 토요일인데, L 변호사는 아직 서면 작업을 완료하지 못했다. 오늘따라 회의가 길어지고 잔무가 많았기 때문이다. 그렇다고 서면 작업을 늦출 수는 없다. 결국 주말에도 출근하여 서면 작업을 완료해야 한다. L 변호사는 오늘도 새벽 2시가 넘어서야 집에 도착했다. 그는 침대에 누워 문득 현재 맡고 있는 일의 개수를 세기 시작했다. 무려 40건의 일을 맡고 있었다. 그러니 이처럼 바쁠 수밖에 없었다. 정신 차리지 않으면 실수가 생길 수 있다. 그는 이런저런 일들을 생각하다가 스르륵 잠에 빠져들었다.

개인 변호사는 어떤 하루를 보낼까?

우리는 앞에서 대형법률사무소에 근무하는 신입 변호사의 하루를 살펴보았다. 아침부터 새벽까지 빡빡하게 일하는 모습을 보면서 그냥 고액 연봉을 받는 게 아니구나, 하는 생각이 들었을 것이다. 그렇다면 1인 변호사 사무실에서 일하는 변호사는 어떤 하루를 보낼까? 〈법률저널〉에 소개된 어느 변호사의 하루를 들여다보자.

개인 변호사인 K씨는 여느 직장인과 마찬가지로 아침 6~7시에 일어나 8시 반 정도에 출근한다. 아침은 변호사 사무실 바로 옆 건물에 있는 한 기업의 구내식당에서 먹는다. 아침식사를 마치고 사무실로 오면 아침 9시, 비로소 일과가 시작된다.

출근하자마자 의뢰인으로부터 전화가 온다. 소송 관련 서류를 택배로 보내달라는 간단한 전화다. 또 다른 의뢰인으로부터 전화가 왔는데 이건 간단치 않다. 지난주에 끝난 소송 합의안에 대해 태클을 거는 전화이기 때문이었다. 자기가 너무 손해를 보는 것 같다느니, 성공 보수를 더 깎아 달라느니 하며 이미 끝난 이야기를 가지고 질질 끌었다. 너무 무리한 요구였기에 K 변호사는 안 된다며 단호하게 대답했다.

전화를 끊고 한숨을 돌린 후 서류를 펼쳐본다. 사실 K 변호사는 개인 변호사이기에 로펌처럼 일이 많지 않은 편이다. 의뢰인들과의 통화 2~3건과 법원에 내야 할 서류 2건이 오늘 해야 할 일의 전부다. 마침 재판이 없는 날이기 때문이다.

오늘 법원에 내야 하는 서류는 의료소송 건의 기일연기신청 서류와 그 사건의 신체보완감정신청서이다. 또 공정거래위원회 신고서도 작성하여 제출해야 한다. 그런데 기일연기신청 서류는 상대방 변호사가 작성한 것을 동의만 해주면 되고, 공정거래위원회 신고서도 어제 미리 작성해 놓아 크게 할 일이 없다.

점심시간에 강남역 근처에 가서 점심을 먹었다. 2시쯤 사무실로 돌아와 잠깐 졸다가 오후 일을 시작한다. 먼저 의료사건 보완감정신청서부터 마무리하고 공정거래위원회 신고서 작업도 완료한다. 공정거래위원회 신고서 건은 기자들에게도 알려야 해서 보도자료를 만들어야 한다.

K 변호사는 보도자료를 만들어 사무실 직원에게 넘긴다. 복사와 우편 등의 업무는 직원이 하기 때문이다. K 변호사는 퇴근 시간까지 시간이 남아 평소 써오던 글을 쓴다. 책을 낼 계획이 있기 때문이다. 6시가 되자 퇴근한 후 특별히 약속이 없어 집으로 곧장 향한다.

집으로 돌아온 K 변호사는 저녁을 먹고 잠시 휴식을 취한 후 컴퓨터 앞에 앉아 다시 책을 쓰고, 자신이 운영하는 인터넷 카페도 관리한다. 그리고 10시가 넘으면 어김없이 잠자리에 든다.

이상이 K 변호사의 하루 일과다. 로펌의 변호사와 비교하면 매우 한가한 일정을 보내는 것처럼 보인다. 그러나 위에서 밝힌 하루는 재판이 없는 날의 일과이고, K 변호사는 일주일에 한두 번 정도 재판에도 나가야 한다. 재판이 있는 날은 재판에 집중하여 하루를 보낸다. 재판이 서울에서 있으면 왕복 교통 시간을 절약할 수 있으나 지방에서 있을 때도 많다. 부산이나 울산 등에서 재판이 있는 날에는 거의 사무실 밖에서 하루를 보낸다.

조선시대의 변호사, 외지부

드라마 〈조선변호사〉는 실제 조선시대 변호사 '외지부'를 극화하여 다룬 이야기다. 외지부는 조선시대에 재판과 관련된 일을 전문적으로 대리하던 법률 전문가를 말한다.

조선시대에도 지금과 같은 형사소송제도와 민사소송제도가 있었다. 백성들끼리 다툼이 생기면 민사소송제도에 의하여 재판을 받을 수 있게 했고, 범죄 사건이 일어나면 형사소송제도에 의하여 재판을 받도록 했다. 놀라운 것은 조선시대의 재판에도 지금과 같은 3심제도가 있었다는 사실이다. 왕이 나라의 주인이 되어 다스리던 시대에 피고의 인권을 생각하는 3심제도가 있었다는 사실은 고대 로마와 그리스에 견줄 만하다.

조선시대에 법률을 관장하는 부서는 '형부'였다. 이 형부의 산하에 노비 관련 재판을 담당하는 지부가 있었다. 그런데 이 지부가 귀족 가문들의 이권을 좌우하는 부서였기 때문에 권력이 있었다. 외지부는 이름 그대로 나라에서 공식적으로 만든 기관이 아니라 사적으로 만들어졌다 하여 외지부라 불리게 되었다. 외지부가 하는 일은 오늘날 변호사가 하는 일과 거의 유사하다. 재판의 변호와 관련된 모든 일을 하는 사람이 곧 외지부였다.

당시 외지부가 활발하게 활동할 수 있었던 배경에 공노비(나라의 일을 하는 노비들)들이 있었다. 조선시대 공노비는 무보수로 일했기 때문에 직무를 이용하여 돈을 벌거나 뇌물을 챙겨야 먹고살 수 있었다. 그러다 보니 송사가 많이 생길 수밖에 없었고 이 틈을 외지부들이 파고들었다. 외지부들이 사람들을 부추겨 재판이 늘어나게 되었다. 일반 백성들은 재판을 하려면 외지부의 도움이 필요했다. 하지만 백성들은 외지부에게 변호 비용을 지불하는 것이 부담되었다.

외지부들은 돈을 벌기 위해 재판을 부추기는 한편, 선을 넘는 위법 행위도 자행했다. 재판에 이기기 위해 거짓 문서를 꾸미는가 하면 담당 관리를 만나 뇌물을 주기도 하였다. 결국 성종 1478년, 외지부 활동을 금지시켰고, 이를 어기면 외지부와 그 가족을 변방으로 쫓아내는 정책을 썼다. 그러나 외지부가 완전히 사라진 것은 아니었다. 여전히 외지부를 필요로 하는 사람들이 많았고 법망을 피해 활동하는 외지부도 있었다.

3장
판사
마스터플랜

판사는
어떤 직업일까?

판사는 재판을 진행하며 판결을 내리는 직업이다. 과거에 재판관이라고 불리던 직책이 오늘날의 판사가 된 것이다. 그런데 우리나라 법원조직법 제5조 ①항에 의하면 "대법원장과 대법관이 아닌 법관은 판사로 한다."라는 조항이 있다. 여기에서 대법원장과 대법관은 판사가 아니라는 뜻일까? 그렇다면 법관과 판사는 다른 것일까? 하나씩 살펴보자!

대법관은 판사가 아니다

우리는 일반적으로 대법관도 판사로 생각하지만, 법에서는 대법관은 판사가 아니라고 규정하고 있다. 정확히는 대법원에 근무하는 대법원장과 대법관은 판사라고 부르지 않는다.

판사와 대법관의 차이를 이해하기 위해 우리나라 법원의 조직 구조를 살펴보자. 우리나라의 법원조직법에 의하면 법원은 다음 7가지로 구성되어 있다.

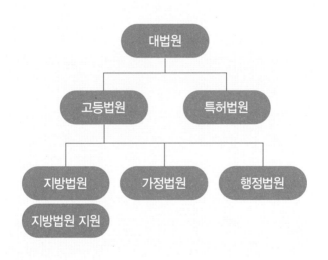

대법원은 대법관 14명으로 구성되어 있는데, 이 중 최고 수장이 바로 대법원장이다. 법원조직법에서는 "대법원장 과 대법관 14명의 법관을 제외한 나머지 법관은 모두 판사 로 한다."라고 규정하고 있다. 그러므로 우리나라에서 판사 는 대법원장과 대법관 14명의 법관을 제외한 나머지 법관을 일컫는 명칭이다. 현재 우리나라 대법원은 서울시 서초구에 자리하고 있다.

고등법원은 대체로 큰 사건의 2심을 담당하는 법원이다. 우리나라에서 고등법원은 서울고등법원, 부산고등법원, 대구고등법원, 광주고등법원, 대전고등법원, 수원고등법원 등 여섯 곳에 설치되어 있다. 판사가 고등법원에서 근무하기 위해서는 고등법원장은 10년 이상, 고등법원 부장판사는 7년 이상, 고등법원 판사는 5년 이상의 경력이 있어야 그중에서 임명될 수 있다.

지방법원은 일반 사건의 1심을 담당하는 법원이다. 우리나라에서 지방법원은 서울·인천·수원·춘천·대전·청주·대구·부산·마산·광주·전주·제주에 설치되어 있으며, 지방법원은 사무의 일부를 처리할 수 있도록 지원과 소년부 지원, 순회재판소, 등기소를 둘 수 있다.

가정법원은 가정과 관련된 사건을 전문적으로 심판하기 위하여 설치된 법원이다. 우리나라에는 총 8개의 가정법원이 설치되어 있다. 행정법원은 행정기관을 상대로 한 행정 소송을 담당하는 법원이다.

우리나라에서 행정법원은 서울행정법원 1개만 설치되어 있다. 회생법원은 개인이나 기업의 회생이나 파산과 같은 사건을 다루는 법원이다. 우리나라에서 회생법원은 서울회생법원, 부산회생법원, 수원회생법원 등 3곳에 설치되어 있다.

특허법원은 특허와 관련된 재판을 위하여 1998년에 설치된 고등법원급의 법원이다. 우리나라에서 특허법원은 대전특허법원 한 곳에 설치되어 있다.

판사로 임용이 되면 위에서 말한 법원에서 일하게 된다.

판사의 직급 체계

일반 회사에 들어가면 직급이 있는 것처럼 판사도 임용되면 직급을 받는다. 처음에는 시나 군의 지원 등에서 판사로 시작하며, 경력이 조금 쌓이면 지방법원 판사로 배치된다. 판사는 이렇게 경력을 쌓으며 점점 높은 직급으로 올라간다.

재판에는 가벼운 사건의 경우 판사 혼자 재판을 진행하는 단독 재판이 있고, 판사 3명이 함께 재판을 진행하는 합의부 재판이 있다. 혼자 재판을 진행하는 판사를 단독판사라 하고, 3명이 함께 재판을 진행하는 경우 배석판사 2명과 부장판사 1명으로 구성된다. 처음 판사로 임용되면 5년 정도 배석판사를 하게 된다. 그리고 6년 차부터 단독판사를 할 수 있는 자격이 주어진다. 9~10년 차가 되면 지방고등법원의 배석판사가 될 수 있고, 12년 차가 되어야 서울

고등법원 배석판사가 될 수 있다.

부장판사는 판사 직급에서 높은 직급이라고 할 수 있는데 판사로 임용된 지 15~16년 차가 되어야 비로소 지방법원의 부장판사가 될 수 있다. 고등법원의 부장판사가 되기 위해서는 21~24년 차 정도가 되어야 하는데 그나마 3분의 1 정도만이 부장판사가 된다.

판사의 월급

판사의 월급은 '법관의 보수에 관한 규칙'에 의해 정해져 있다. 다음은 '법관의 보수에 관한 규칙'에 의해 정해진 체계이니 참고하기 바란다. 알아둘 것은 일반 공무원의 승급 체계와 달리 1년에 1호봉씩 승급하는 것이 아니라, 14호봉까지는 1년 9개월마다, 15호와 16호봉은 2년, 마지막 17호봉은 6년이 걸린다는 사실이다. 이런 기준으로 계산해보면 17호봉의 경우 32년 9개월이라는 뜻이 된다.

다음 표에 나타난 금액은 순수 월급만을 표시한 것으로 그 외에도 정근수당, 가족수당, 관리업무수당, 정액급식비, 직급보조비 등이 지급되므로 실제 받는 보수는 이보다 훨씬 높다.

법관의 봉급표		
		(월지급액, 단위: 원)
직명	**호봉**	**봉급액**
대법원장		12,220,500
대법관		8,655,600
일반법관	17호	8,642,900
	16호	8,626,400
	15호	8,136,900
	14호	7,649,900
	13호	7,213,100
	12호	6,844,400
	11호	6,666,600
	10호	6,457,500
	9호	6,108,100
	8호	5,691,700
	7호	5,332,700
	6호	4,995,700
	5호	4,670,600
	4호	4,343,300
	3호	4,027,000
	2호	3,711,300
	1호	3,293,800

판사가 하는 일

판사는 판사 선발시험의 성적에 따라 일하는 곳이 정해진다. 성적이 좋으면 수도권으로 배치되겠지만, 하위권이면 지방으로 배치될 수도 있다. 하지만 판사는 인사 이동이 있어서 전국을 돌아다닐 가능성이 높은 직업이다. 검사도 판사와 같이 인사 이동에 따라 여러 지역에서 일하는데, 판사는 검사에 비해 어느 정도 다음 발령지를 대략 예상할 수 있다.

판사는 기본적으로 법원에서 재판에 관한 업무를 한다. 수도권의 법원에서는 업무가 좀 과중한 편이고, 지방의 한적한 법원에서는 조금 수월한 편이다. 판사의 기본업무는 재판인데, 이때 판사는 자신이 맡은 재판에 관한 모든 업무를 혼자서 처리해야 한다. 그나마 나아진 것은 재판연구원(로클럭) 제도의 도입으로 재판연구원들에게 어느 정도의 일을 맡길 수 있다는 점이다.

기본적으로 판사가 하는 일은 재판을 진행하는 일과 판결문을 작성하는 일이다. 일이 간단해 보이지만 재판을 진행할 때 제시되는 서류를 다 읽고 판결문을 작성하는 일은 만만치 않다. 복잡한 사건의 경우 1,000쪽이 넘는 서류를 읽어야 할 수도 있다. 그리고 복잡한 사건의 경우 판결문 또한 1,000쪽 넘게 써야 하는 일도 있다. 실제 양승태 전

대법원장 1심 사건 판결문의 경우 3,200쪽을 기록해 놀라움을 자아냈다. 당시 선고를 내리는 데만 4시간 반의 시간이 걸렸다.

판사가 동시에 여러 개의 사건을 담당하고 있으면 업무는 과중한 상태로 돌입하게 된다. 이 때문에 수도권 법원에서 근무하는 판사들은 야근은 물론이고 주말 근무를 하기도 한다. 한편, 판사는 상황에 따라 검찰과 변호인이 제출한 증거자료를 검증하기 위해 현장에 나가야 하는 일도 있다. 이때 경찰이나 검찰의 도움을 받기도 한다.

재판 외에 하는 일도 있다

기본적으로 판사는 재판에 관한 업무를 하지만, 그 외에 다른 일도 한다. 우리나라 선거관리위원회법 제4조 제2항과 4항에 의하면 각 시·도선거관리위원회는 위원 중 최소 2명이 법관이어야 한다는 규정이 있다. 이 때문에 판사는 각 시·도선거관리위원회의 위원으로 선정되어 일하기도 한다. 물론 이런 직책은 보통 지방법원의 부장판사급이 맡는다.

만약 판사가 되었는데도 법원행정처에 발령을 받는다면 재판 업무 대신 일반 행정업무를 하게 된다. 법원행정처는 재판과는 상관없이 법원의 행정과 관련된 일을 하는 기관이기 때문이다. 또한 판사는 국가의 다른 기관에 파견되어 일하기도 하는데, 판사가 파견되는 기관에는 국회, 헌법재판소, 국회, 국제형사재판소 등이 있다.

판사 중에는 영장전담 판사도 있다. 영장이란 범죄와 관련되었다고 여겨지는 사람 또는 물건에 대하여 체포(잡아들임)하거나 구속(강제로 가둠)하거나 수색(찾음)하거나, 압수(빼앗음)하는 명령을 내리는 것을 말한다. 영장전담 판사는 바로 이에 관련된 일만 전담으로 맡아 일하는 판사를 말한다.

영장전담 판사는 매일 10건 이상을 처리해야 하며, 각 사건당 원고지 1장 정도의 분량으로 영장을 내줄지 말지에 대해 결과를 적는 일을 한다. 영장전담 판사는 고립된 생활을 기본으로 하며, 1년 단위로 바뀌는 방식으로 운영된다. 영장전담 판사는 매우 고생하는 자리이기 때문에 근무가 끝나고 나면 대체로 부장판사 등으로 승진하는 것으로 알려져 있다. 이 때문에 영장전담 판사는 형사재판 경력 15년 이상의 엘리트 판사들이 주로 임명되고 있다.

판사가
되기까지

이제 어떻게 판사가 될 수 있는지 알아볼 차례다. 과거에는 사법시험에서 높은 성적을 받은 사람이 판사로 임용되었으나 로스쿨 제도로 바뀜에 따라 판사를 임용하는 방법도 달라졌다.

판사가 되기 위한 자격

먼저 판사가 되기 위해서는 법원이나 법무부에서 시행하는 판사 선발시험에 응시해야 한다. 이때, 일정한 자격을 갖춘 사람만 응시할 수 있다. 법원행정처에서 공고한 '2024년도 일반 법조경력자 법관 임용 계획'을 통하여 판사 선발시험에 응시할 수 있는 자격에 대해 알아보자.

임용자격

사법연수원 또는 법학전문대학원을 수료 또는 졸업하고 2024.
10. 7. 기준으로 5년 이상 판사·검사·변호사 등 법원조직법 제42
조 제1항 각 호의 직에 종사한 사람(2개 이상의 직에 재직한 사
람에 대하여는 그 재직기간을 합산함)

위 공고에 따르면, 판사 선발시험에 응시하기 위해서는
로스쿨 졸업장이 있어야 하고 변호사 시험에 합격한 후 현
장에서 5년 이상 일한 경력이 필요하다. 만약 이 조건을 충
족한다면 판사 선발시험에 응시할 수 있다.

판사를 뽑는 복잡한 과정

판사 선발시험에 응시하면 3월경에 시작하여 8월까지
최종면접 시험을 치르며, 결과는 10월경에야 나온다. 무려
8개월여에 걸친 대장정이다. 다음은 법원행정처에서 공고
한 2024년 기준 임용 일정과 시험의 내용이다.

- 법률서면작성평가: 2024. 3. 9.(토) ~ 3. 10.(일)
- 법관인사위원회 서류심사: 2024. 5. 하순경
- 민·형사 실무능력평가 면접 및 법조경력·인성역량평가 면접:
  2024. 6. 7.(금) ~ 6. 9.(일)

- 법관인사위원회 중간심사: 2024. 6. 하순경
- 최종면접: 2024. 8. 3.(토)
- 법관인사위원회 최종심사: 2024. 8. 중순경
- 대법관회의 임명동의: 2024. 9. 하순경
- 임용일: 2024. 10. 7.(월)

판사임용 시험 과정을 보고 깜짝 놀란 사람이 많을 것이다. 판사가 되는 과정이 절대 간단하지 않기 때문이다. 무려 8개월에 걸친 복잡한 과정을 다 통과해야 비로소 판사로 임용된다.

어떤 사람이 판사 시험을 통과할까?

어떤 사람이 복잡하고 어려운 과정을 통과하여 판사가 되었을까? 이에 대하여 법원에서 공개하고 있는 2018년부터 2021년까지 임용된 법관의 통계자료를 통하여 어느 정도 알 수 있다.

법원에서는 일반 판사와 전담 판사를 뽑는다. 전담 판사란 근무하는 동안 특정한 재판만을 담당하는 판사를 뜻한다. 일반 판사의 경우 5년 이상의 법조 경력을 요구하며, 전담 판사의 경우 20년 이상의 법조 경력을 요구한다.

2018년부터 2021년까지 법원에서 뽑은 판사는 모두

435명이었다. 이 중 일반 신임 판사는 427명, 전담 판사는 8명으로 총 435명이었다. 전체 평균 연령은 35세였으며 29세 이하는 0.2%, 30~34세가 57.5%, 35~39세가 30.3%, 40세 이상이 12.0%였다. 이로써 30대가 가장 많이 뽑힌 것으로 나타났다. 남녀의 비율은 남자 243명, 여자 192명으로 남자가 조금 더 많은 수준으로 나타났다.

법조 경력으로 따졌을 때 5년 이상 7년 미만이 353명으로 가장 많았고, 7년 이상 10년 미만이 56명, 10년 이상이 26명이었다. 이를 통하여 법조 경력이 5년 이상 7년 미만일 때 판사 시험에 합격할 확률이 가장 높다는 사실을 알 수 있다.

한편, 어떤 일을 했던 사람이 가장 많이 합격했을까? 합격자 중에는 법무법인 등 일반 변호사 사무실에서 근무한 사람이 243명으로 가장 많았고, 국선전담변호사 출신이 68명으로 그다음을 이었다. 한편 재판연구원에서 일했던 사람도 50명이나 합격했다. 재판연구원이란 판사의 업무를 보조하는 일을 하는 곳이다. 다음으로 국가의 공공기관에서 근무했던 변호사가 37명, 검사 출신이 37명 합격했다.

판사라는 직업의
장단점

판사는 법조인 가운데서도 가장 존경받는 직업이라고 할 수 있다. 그것은 재판정의 구조를 보더라도 쉽게 이해된다. 판사가 재판정의 최고 상석에 앉아서 재판을 진행하며 그 아래에 검사석과 변호사석이 자리하고 있다. 이 때문에 법조인을 꿈꾸는 사람들은 이왕이면 판사가 되고픈 마음을 갖는다. 그러나 판사와 검사, 변호사는 각각 하는 일이 다르므로, 아무리 판사가 끌리더라도 자기 적성에 맞아야 일할 수 있다. 이를 위해 판사라는 직업의 장단점에는 무엇이 있는지 알아보도록 하자.

좋은 판사가 되는 데 필요한 자질

판사는 한 사람의 미래를 결정하는 일을 하는 직업이므

로 매우 중요한 위치에 있다. 만약 올바른 판결하지 못해 억울한 사람이 생기면 이는 판사로서 치욕스러운 일이다. 사건에는 명확히 떨어지는 것도 있지만, 대부분이 애매모호한 것들도 많다. 이 경우 지혜로운 판결을 할 수 있어야 판사로서 존경받는다.

올바르게 판결하기 위해서는 사건을 논리적으로 분석하고 추리하는 능력이 있어야 한다. 그리고 논리력과 추리력을 바탕으로 합리적인 결론을 도출할 줄 알아야 한다. 이 과정에서 법률 지식도 중요하지만, 그 외 여러 분야의 상식도 알고 있어야 올바른 결정을 내릴 수 있다. 예를 들어 과학기술과 관련된 사건이라면 과학기술에 대한 지식이 어느 정도 있어야 한다.

무엇보다 판사에게 요구되는 것은 올바른 분별력과 양심의 조화이다. 사건에서 무엇이 옳은지 그른지 올바르게 분별할 수 있어야 한다. 그리고 모든 사건은 인간과 관계된 일이므로 양심에 비추어 판결할 수 있어야 한다. 과거 강도가 든 집의 주인이 방어하는 과정에서 강도를 죽인 사건이 있었다. 그런데 이 사건의 1심 판사가 집주인에게 유죄판결을 내렸다. 아무리 방어 차원에서 사람을 때렸다고 해도 살인이 일어난 사건이기 때문에 1심 판사는 고민했고 그 결과 유죄판결을 내렸다. 하지만 이 결과를 두고 많은 국민이 분개하며 일어났다. 국민의 양심에는 주인의 행동이 정당방위로 보인 것이다. 여러분이라면 이럴 때 어떤 판결을 해야 한다고 생각하는가. 결국 법도 양심이 이해되는 수준에서 진행될 때 좋은 판결을 내릴 수 있다.

판사는 조용한 환경에서 일한다

판사라는 직업에는 어떤 장점이 있을까? 검사로 일하다가 판사가 된 H 판사는 처음 판사실에 들어서는 순간 깜짝 놀랐다고 한다. 항상 조사하는 소리로 시끄러운 검사실과는 달리 너무 조용한 분위기였기 때문이다. 이런 환경에서는 재판과 관련된 서류를 조용히 읽을 수 있고 차분히 파악할 수 있다.

실제 판사는 한 주에 한두 건의 현장 재판을 진행한다. 물론 이보다 더 많은 재판을 진행할 수도 있다. 나머지는 거의 판사실에서 근무한다. 재판에서도 판사는 선고할 때를 제외하고는 거의 듣는 일을 주로 하기 때문에 검사나 변호사에 비해 말을 많이 하지 않아도 된다.

또한 판사는 검사나 변호사에 비해 사람을 대하는 일이 적다. 재판에서 만나는 사람들을 제외하고는 함께 일하는 동료들이 대부분이다. 그런 점에서 조용하고 정적인 분위기를 좋아하는 사람이라면 검사나 변호사보다 판사가 제격이라고 할 수 있다.

판사는 독립적이고 자율적이다

판사는 어떤 직업보다 자율성과 독립성이 보장된다는 점에서 커다란 장점이 있다. 판사는 '법관 면책특권'이 보장되고 있다. '법관 면책특권'이란 법관이 위법하거나 부당한 목적을 가졌다는 사실이 입증되지 않는 한 잘못된 판결에 대해서도 책임지지 않는 권리를 말한다. 판사에게 이러한 면책특권을 주는 이유는 그만큼 권위를 가지고 재판을 진행할 수 있게 해주기 위함이다.

판사는 이같은 권위를 보장받는 직업이기에 직장 내에서도 명령이나 지시를 내리는 사람은 없다. 아무리 고위 법관이라 하더라도 아래 법관에게 명령이나 지시를 내리지 않는다. 그런 점에서 판사는 비록 법원이라는 조직에 근무하지만 각각이 하나의 독립기관이라고 할 수 있다. 판사에게 이러한 독립성을 주는 이유는 누구의 압력 없이 헌법과 법률과 양심에 따라 판결할 수 있도록 해주기 위함이다.

판사는 판결을 내리는 데 간섭받지 않는 독립성을 가질 뿐만 아니라, 재판과 관련된 일을 진행해 나가는 데 있어서도 자율적으로 결정할 수 있다. 예를 들어 재판의 날짜를 정하거나 연기하는 등을 자율적으로 결정할 수 있다. 판사에게 이런 자율성을 부여하는 까닭 역시 누구의 간섭 없이 소신껏 일할 수 있도록 해주기 위함이다.

사법정책연구원에서 발간한 보고서 〈법관 업무부담 및 그 영향 요인에 관한 연구〉에 따르면 현직 법관 678명 가운데 85.5%가 자신의 직업에 만족하고 있다고 답했다. 만족하는 이유로는 '직무의 독립성과 자율성'이 69.3%로 나타나 1위를 기록했다.

활동적인 사람에게 판사가 어울릴까?

지금까지 판사라는 직업의 장점에 관해 이야기했다. 판사는 안정적이며 독립적이고 자율적인 부분에 있어서 만족도가 높은 직업이다. 하지만 이러한 장점들이 어떤 사람에게는 단점이 될 수도 있다. 예를 들어, 활동적인 사람의 경우 조용하고 정적인 환경에서 일하는 것이 답답할 수도 있다. 직장이란 단지 며칠 일하는 곳이 아니라 거의 평생 일해야 하는 곳인데 그곳의 환경이 자신의 성향과 반대라면 견디기 힘들어질 수 있다.

또한, 판사는 모든 일을 독립적이고 자율적으로 진행해야 하는데, 항상 남이 시키는 대로 일하는 데 익숙한 수동적인 사람에게는 곤혹스러운 일이 될 수도 있다. 예를 들어 판사는 판결할 때 누구의 간섭 없이 독립적으로 결정을 내려야 하는데, 결정장애가 있는 사람의 경우 엄청난 스트레스를 받을 수 있다. 또 판사는 모든 일을 자율적으로 처리해 나가야 하는데, 함께 일하거나 남의 도움을 받아 일하는 것이 익숙한 사람에게는 적응하기 어려울 수 있다.

판사라는 직업은 많은 이에게 존경받는 직업이고 전체적으로 장점이 많은 직업이다. 그런데 이 직업의 장점은 동전의 양면과 같은 부분이 있으므로 사람의 성향에 따라 단점이 될 수도 있는 특성이 있다. 따라서 판사가 하는 일과 직업적 특성을 잘 고려하여 선택하는 신중한 자세가 필요하다.

판사의
하루 따라가기

그동안 판사는 베일에 가려진 직업이었다. 하지만 공유 시대가 열리면서 판사들 또한 세상으로 나와 자신들의 일을 공개하고 있다. 다음은 〈법률신문〉 "법의 날 특집 _판사의 하루"라는 기사에 소개된 판사들의 하루 생활을 재구성한 것이다. 그들의 하루를 따라가보자!

서울중앙지법 재판부 판사의 하루

서울중앙지법 민사소액 재판부 G 판사는 초등학교 자녀를 둔 여성 판사이다. 그녀는 여느 부모처럼 아이를 등교시킨 후 출근 시간 9시에 겨우 맞춰 사무실에 도착했다. 가장 먼저 하는 일은 업무 메일을 확인하는 것이다. 오늘 해야 할 일은 재판부 문건에 대한 전자결재와 판결문을 작성하는 일이다. 마침 오늘 재판의 판결을 선고하는 날이기 때문이다.

G 판사가 맡은 일은 소액재판으로, 재판은 주에 1회 정도 실시된다. 나머지 날은 이 재판을 준비하는 일을 한다. 재판 시간이 되자 G 판사는 법복을 갖춰 입고 법정으로 향했다. 오전 9시 50분에 선고가 예정된 재판이다. 사건의 원고와 피고가 출석하지 않았지만, G 판사는 판결문을 낭독하여 선고 재판을 끝냈다.

10시부터 다른 재판이 시작됐다. 부엌 공사를 했는데 의뢰인의 마음에 들지 않는다는 이유로 공사대금을 주지 않아서 벌어진 사건이다. 공사업자가 소송을 걸어 원고가 되고, 공사 의뢰인이 피고가 된 상황이다. 피고는 자신의 억울함을 호소한다. 이에 원고도 자신의 정당함을 반박한다. 서로 한 치도 양보할 기미가 보이지 않는다. G 판사는 두 사람이 서로 이야기를 잘 나누지 않았다는 사실을 간파하고 조정위원회에 넘길 것을 명령한다. 법원에는 재판으로 다투기 전에 조정위원회를 거치는 제도가 있다. G 판사의 지시에 따라 경위가 두 사람을 데리고 조정위원회 사무실로 향한다.

오전 11시 30분이 되어서야 오전 재판이 끝났다. G 판사는 판사실로 돌아와 자료를 정리한 후 동료 판사들과 함께 구내식당으로 향한다. G 판사는 특별한 약속이 없는 한 구내식당에서 점심을 해결하는 편이다. 점심시간은 유일하게 대화를 나눌 수 있는 시간이다. 판사라는 직업의 특성상 평소에는 업무량이 많아 동료들과 대화를 나눌 시간이 부족하기 때문이다.

오후에 다시 재판이 열렸다. 일주일에 1번 재판이 열린다고 해서 1건의 사건만 맡는 게 아니다. 여러 사건을 하루에 몰아서 재판을 진행하는 것이다. 우리나라 판사가 1년간 맡는 사건의 수는 600여 건으로 다른 선진국보다 높은 수준이다. 그것은 인구당 판사의 수가 절대적으로 부족해서 생기는 현상이다. G 판사 역시 동시에 여러 사건을 맡고 있기 때문에 퇴근 시간을 제대로 지켜본 적이 없다.

오후 재판이 늦어져 재판이 끝나자마자 저녁 시간이 된다. G 판사는 오늘 마쳐야 하는 업무가 남아서 2시간가량 야근을 이어간다. 이렇게 야근하는 날에는 배달 음식으로 끼니를 때운다. 어느덧 시간이 9시를 넘어가고 있다. 아직 일이 남아 있지만 아이와 한 약속이 있어서 서둘러 퇴근

한다.

서울회생법원 판사의 하루

H 판사는 아침 6시에 일어난다. 저녁이 있는 삶을 추구하는 스타일이기 때문에 가능한 한 일찍 출근하여 일을 끝내고 일찍 퇴근하려고 한다. 그래서 오전 7시 30분에 출근하여 일찌감치 일을 시작한다.

H 판사는 서울회생법원에서 개인파산과 개인회생에 관한 재판 업무를 담당하고 있다. 오전에 해야 할 일은 새로 들어온 개인회생 사건을 검토하고 회의를 준비하는 일이다. 또 사건 관련 각종 결정과 집회기일을 준비해야 한다.

어느덧 점심시간이 되었다. 평소에는 동료 판사들과 가까운 곳에 나가 점심을 먹는데, 오늘은 바쁜 탓에 도시락 배달로 해결한다.

오후에도 오전에 이어 업무가 바쁘게 돌아간다. 개인회생 관련 사건이 쏟아지다 보니 자연히 H 판사가 해야 할 일도 많아지는 것이다. 그렇게 퇴근 시간이 되자 H 판사는 일단 야근을 뒤로 하고 퇴근한다. 퇴근 후 집에 가서도 회사 PC 시스템에 접속하여 업무를 다시 시작한다.

다음 날은 개인회생 재판이 있는 날이다. 과연 회생법원에서는 어떻게 재판이 진행될까? H 판사는 재판에 맞춰 법복을 입고 법정으로 향한다. 법정은 채무와 채권자로 꽉 차 빈 좌석이 없어 보인다.

오늘 재판은 채무자가 제출한 변제계획안의 내용에 대해 채권자의 의견을 묻는 채권자 집회로 열린다. H 판사가 채권자 한 사람, 한 사람의 이름을 부르고 각각의 채권자가 자신의 의견을 털어놓는 방식으로 집회가 진행된다. H 판사는 각기 다른 사정을 가진 채권자의 말을 주의 깊게 다 들어준 후 오늘 의견을 바탕으로 법원이 심사해서 변제계획 인가 여부를 판단하겠다고 선포한다. 그리고 이날 집회에 채무자가 출석하지 않아 집회기일을 5월로 연기한다고 선포한다. 그렇게 재판이 끝났다.

미국 역사상 가장 영향력 있었던 법관, 엘 워런

엘 워런은 아이젠하워 미국 대통령 시대에 연방대법원장을 지낸 인물이다. 그는 대법원장 시절 대법원의 개혁을 이끌며 미국 역사상 가장 영향력 있었던 법관으로 기록된 인물이다. 그는 어떻게 이런 명예를 얻을 수 있었을까? 그것은 그가 재판을 통하여 이룬 몇 가지 위대한 업적 때문이다.

토피카 교육위원회 재판

먼저 소개할 엘 워런의 재판은 토피카 교육위원회 재판이다. 이 재판은 1951년 미국 캔자스 주 토피카에 살고 있던 초등학교 3학년 흑인 소녀 린다 브라운의 아버지인 올리브 브라운이 토피카 시 교육위원회를 상대로 소송을 건

사건이다. 당시 린다 브라운은 흑인이라는 이유로 집에서 가까운 백인학교를 놔두고 1마일이나 떨어진 흑인학교를 매일 걸어서 다녀야 했다. 올리브 브라운은 백인학교로 전학을 신청했으나 거절당하고 만다. 이에 분개한 올리브 브라운은 소송을 걸었고, 이 사건은 우여곡절 끝에 결국 연방대법원까지 올라가게 된다. 이때 연방대법원장이 바로 엘워런이었다.

엘 워런은 이 사건의 판결에서 기존에 통용되고 있던 '분리하되 평등하다(Seperate but equal)'는 판례를 "분리된 교육시설 그 자체가 불평등하다."라는 판결로 올리브 브라운의 손을 들어주었다. 당시 엘 워런이 내린 '분리 자체가 불평등'이라는 말은 사회 전체에 큰 영향을 끼치면서 혁신적 사회개혁을 이루는 계기를 만들어주었다.

미란다 대 애리조나 재판

다음으로 엘 워런이 진행한 재판으로 유명한 것이 미란다 대 애리조나 재판이다. 이것은 오늘날 상식처럼 되어 있는 미란다 원칙의 기원이 된 판결이라는 점에서 의미가 매우 크다. 미란다 대 애리조나 재판은 당시 범죄자로 지목된 미란다가 수정헌법 제5조에 입각한 권리를 보장받는 데 필요한 몇 가지의 절차적 보장을 받지 못한 채로 진술한 내용을 증거로 재판에서 유죄를 받게 되었는데, 그것이 부당하다는 판결을 내린 재판이다. 이 판결에 따라 오늘날의 미란다 원칙이 나오게 되었고 그 내용은 다음과 같다.

• **미란다 원칙**

- 피의자는 자신에게 불리한 진술을 거부할 권리가 있다.
- 피의자의 모든 발언이 법정에서 불리하게 작용할 수 있다.
- 피의자는 변호인을 선임할 권리가 있다.

기드온 대 웨인라이트 재판

기드온은 1961년 플로리다 주 파나마의 한 당구장에서 맥주를 훔친 혐의로 재판을 받게 된 사람의 이름이다. 당시 그는 관선변호사를 요구했으나 이를 무시당하고 재판을 받은 결과 5년형을 선고받게 된다. 이에 기드온은 교도소에서 자신의 억울함을 밝히기 위해 연방대법원에 탄원서를 제출한다. 이때 대법원장이었던 엘 워런은 이 청원을 받아들였고 다시 재판을 받을 수 있도록 변호사까지 주선해주었다. 결국 기드온은 최종 무죄 선고를 받았다. 이 재판으로 이후 모든 피고인에게 요청만 하면 국선변호사가 선임되도록 결정되었다.

4장
검사
마스터플랜

검사는
어떤 직업일까?

검사는 범죄 사건을 조사하고 범죄자를 재판에 넘기는 일을 한다는 점에서 법조인 가운데 가장 강한 느낌을 주는 직업이다. 또한, 검사는 법조인을 이루고 있는 삼각형 꼭짓점의 한 축을 담당하고 있지만, 법적으로 볼 때는 오직 형사법에 관해서만 관여한다는 점에서 매우 독특한 성격을 지니고 있다.

검사와 경찰의 차이

검사가 하는 주요 업무는 먼저 중요 범죄 사건의 수사이다. 검사실에는 수사관이 파견되어 있는데, 이들의 협조 아래에 사건을 수사하게 된다. 범죄 사건의 수사는 일반적으로 경찰도 하기에 업무가 겹치는 것처럼 보인다. 왜 법에서는 범죄 사건의 수사를 검사와 경찰이 겹치도록 만들어놓았을까?

이 문제 때문에 검찰의 수사권을 제한해야 한다는 목소리가 높아졌다. 이에 따라 2020년 2월 4일, 형사소송법 개정에서 검찰의 수사권 범위가 대폭 줄어들게 되었다. 또한, 그동안 검찰이 경찰에게 수사를 지휘할 수 있었는데, 이 수사 지휘권도 폐지되었다. 대신 경찰이 수사한 사항에 대해 부족한 부분이 있으면 보완요구는 할 수 있도록 하였다.

다음은 개정된 검찰이 수사할 수 있는 범죄의 범위이다. 문장상으로는 부패범죄, 경제범죄 등 2개 분야의 범죄로 축소된 것처럼 보인다.

가. 부패범죄, 경제범죄 등 대통령령으로 정하는 중요 범죄

나. 경찰공무원 및 고위공직자범죄수사처 소속 공무원이 범한 범죄

법이 공포되면 해당 부처에서 시행령을 만들어 시행하는데, 이때 법무부에서 부패범죄, 경제범죄 '등'('등'은 이 외에도 여러 가지가 있을 수 있음을 뜻하는 말)이라는 문장의 맹점을 들어 검찰이 수사할 수 있는 범죄의 범위를 다음과 같이 다시 확대하여 시행령을 만들었다.

- 부패 범죄(공직자 범죄, 선거 범죄 추가)
- 경제 범죄(방위산업범죄, 대형참사, 마약유통범죄, 경제범죄를 목적으로 하는 조직범죄 추가)

이로써 검사가 수사할 수 있는 범죄의 범위는 이전과 같이 다시 확대된 셈이 되었다. 결국 검사와 경찰의 수사권은 이전과 비슷한 상황으로 돌아갔다. 검사와 경찰의 가장 큰 차이는 기소권에서 찾을 수 있다. 기소권이란 법원에 범죄자의 재판을 청구하는 일을 뜻한다. 기소권은 검찰만이 가지는 고유의 특권이다. 경찰에서 수사한 모든 사건이 재판에 넘겨지기 위해서는 기소를 해야 하기 때문에 경찰은 수사한 사건을 검찰에 넘겨야 한다. 검사는 이렇게 넘어온 사건에 대하여 기소할 것인지를 판단하는 업무를 한다. 만약 재판을 받아야 할 범죄라고 판단되면 기소를 하고, 아니라고 판단되면 불기소 처분을 내린다.

검찰의 조직 구조

검사가 하는 일을 알아보려면 먼저 검찰 조직의 전체 구조를 이해할 필요가 있다. 검사가 개인을 칭하는 용어라면, 검찰은 검사 조직을 칭하는 용어이다. 검찰은 기소권을 중심으로 하는 조직이기 때문에 법원에 대응하여 조직이 만들어져 있다. 즉 대법원에 대응하여 대검찰청을 두고 있고, 고등법원에 대응하여 고등검찰청을 두고 있다. 또 지방법원에 대응하여 지방검찰청을 두고 있다.

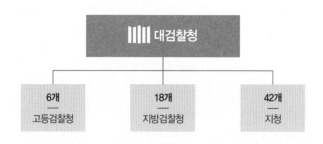

대검찰청은 서울에 1개가 설치되어 있고, 고등검찰청은 전국의 고등법원과 대응하여 서울고등검찰청, 부산고등검찰청, 대구고등검찰청, 광주고등검찰청, 대전고등검찰청, 수원고등검찰청 등 전국에 6개가 설치되어 있다. 검사가 고등법원에서 근무하기 위해서는 고등법원장은 10년 이상, 고등법원 부장판사는 7년 이상, 고등법원 판사는 5년 이상의 경력이 있어야 그중에서 임명될 수 있다.

지방검찰청은 서울 5개소 외에 의정부, 인천, 춘천, 수원, 대전, 청주, 대구, 부산, 창원, 울산, 광주, 전주, 제주 등에 설치되어 있다. 각 지방검찰청에는 해당 지역의 지청이 설치되어 있다.

검찰의 직급 체계

처음 검사가 되면 평검사부터 시작하여 부부장검사, 부장검사, 차장검사, 지방검찰청 검사장, 고등검찰청 검사장, 검찰총장 순으로 직급이 올라간다. 판사에 비하여 직급이 세분되어 있으며 업무 특성상 위계질서도 강한 편이다. 그러나 이것은 검찰조직 내에서 관습으로 내려오는 직급일 뿐 실제 법률적으로 정한 검사의 직급은 검찰총장과 검사 2개뿐이다.

초임 평검사가 되면 약 5개월 정도 선배 검사실에 배치되어 일을 배운다. 평검사들은 보통 2년에 한 번 인사이동을 하는데, 처음 배치되는 곳을 1학년, 두 번째 배치되는 곳을 2학년이라고 부른다. '학년'은 근무지를 뜻하는 검사들의 은어이다. 1학년 때 주로 지방검찰청으로, 2학년 때 주로 지청으로 발령이 나기 쉬운데 이때는 일을 배우는 시기다. 3, 4학년 이상이 되면 비로소 경력 검사가 되어 각 사람에게 맞는 사건을 배당받는다. 또한 이때부터는 경우에 따라 서울중앙지검이나 대검 등 좀 더 높은 곳으로 갈 수 있는 기회도 생긴다.

검찰의 승진제도는 부장검사까지 자동 승진되는 방식이

고, 부장검사가 되기 위해서는 13~15년 차의 근무연수가 필요하다. 이후부터는 피라미드형으로 자리가 급격히 줄어드는데, 예를 들어 한 기수가 100명이라면 부장검사까지는 모두가 자동 승진하지만, 차장검사는 30명 정도만 될 수 있다. 또 지검장급은 10명 안팎이 승진된다.

검찰의 월급

검사의 월급은 '검사의 보수에 관한 법률 시행령'에 잘 나타나 있다. 여기에 나타난 호봉 역시 판사와 마찬가지로 1년에 1호봉씩 승급하는 것이 아니라, 호봉마다 기간이 다르게 정해져 있다. 또한 다음 표에 나타난 금액은 순수 봉급만을 표시한 것으로 검사는 이 외에도 각종 수당과 직급 보조비 등을 받기 때문에 실제 받는 금액은 이보다 훨씬 높다. 특히 검사의 경우 직급 보조비도 다음과 같이 정확히 규정하고 있다.

검사의 봉급표(제7조 관련)

(월지급액, 단위: 원)

직명	호봉	봉급액
검찰총장		8,655,600
검찰총장 외의 검사	17호	8,642,900
	16호	8,626,400
	15호	8,136,900
	14호	7,649,900
	13호	7,213,100
	12호	6,844,400
	11호	6,666,600
	10호	6,457,500
	9호	6,108,100
	8호	5,691,700
	7호	5,332,700
	6호	4,995,700
	5호	4,670,600
	4호	4,343,300
	3호	4,027,000
	2호	3,711,300
	1호	3,293,800

직급보조비 지급구분표(제11조의9 관련)

지급대상	월지급액	비고
검찰총장	1,650,000원	1. 검사 17호봉은 2만원을 가산한다.
법조경력 20년 이상인 검사	950,000원	2.「공용차량 관리 규정」제4조 제2항에 따라 전용차량이 배정되는 검사 및 제13조에 따라 준용되는 「공무원수당 등에 관한 규정」제14조에 따라 같은 영 별표 11 제4호 가목의 재외근무수당을 지급받는 검사는 20만원을 감액한다.
법조경력 10년 이상인 검사	750,000원	
법조경력 10년 미만인 검사	500,000원	

검사로서 일하는 자세

검사가 되면 검사 선서에 관한 규정 제2조에 따라 검사 선서를 한다. 검사 선서의 내용은 다음과 같다.

나는 이 순간 국가와 국민의 부름을 받고

영광스러운 대한민국 검사의 직에 나섭니다.

공익의 대표자로서

정의와 인권을 바로 세우고

범죄로부터 내 이웃과 공동체를 지키라는

막중한 사명을 부여받은 것입니다.

나는

불의의 어둠을 걷어내는 용기 있는 검사,

힘없고 소외된 사람들을 돌보는 따뜻한 검사,

오로지 진실만을 따라가는 공평한 검사,

스스로에게 더 엄격한 바른 검사로서,

처음부터 끝까지 혼신의 힘을 다해

국민을 섬기고 국가에 봉사할 것을

나의 명예를 걸고 굳게 다짐합니다.

이 내용에서 알 수 있듯 검사는 정의와 인권을 바로 세우고 범죄로부터 내 이웃과 공동체를 지키라는 막중한 사명을 부여받은 직업이다. 또 국민을 섬기고 국가에 봉사하기 위해 존재하는 직업이기도 하다. 검사가 되고자 하는 사람은 이 점을 명심해야 한다.

검사가 하는 일의 분야

검사가 되면 구체적으로 어떤 일을 하게 될까? 앞에서도 이야기했듯 검사의 업무는 크게 수사와 기소(재판에 넘기는 것), 그리고 재판을 진행하는 것이다. 또한 많은 이들이 한 검사가 수사와 기소도 하고 재판도 진행하는 것으로 알고 있는데, 사실은 그렇지 않다.

우리나라의 검사제도는 공판검사와 수사검사로 나뉘어 있다. 즉, 수사검사는 수사와 기소업무만 담당하고, 공판검사는 기소된 사건에 대한 재판업무만 담당한다. 만약 재판정에서 피고를 상대로 죄를 묻는 검사가 나온다면 그는 공판검사이다. 우리나라에서 검사는 대부분이 수사검사이고, 공판검사는 전체 검사의 10% 정도에 불과하다.

따라서 검찰의 업무는 수사검사들이 수사를 진행한 후 자료를 공판검사에게 넘겨주면 공판검사들이 사건을 검토하여 재판에 참여한다. 얼핏 봐도 효율적이지 않은 업무방식으로 보이는데, 왜 이렇게 일을 진행할까? 그것은 한 검사가 수사와 재판까지 진행하는 것이 현실상 거의 어렵기 때문이다. 범죄를 수사하는 일은 매우 어려운 과정을 거쳐야 한다. 그런데 재판까지 진행해야 한다면 검사의 몸이 남아날 수 없다. 이 때문에 우리나라에서는 수사검사와 공판검사를 분리하는 제도를 채택하고 있다.

한편, 검사 중에는 송무검사라는 분야도 있다. 송무검사란 형사사건 외에 민사사건이나 행정사건을 담당하는 검사이다. '검사가 어떻게 민사사건이나 행정사건을 담당하지?'라고 생각할 수 있는데, 사건 중에는 국민이 국가를 상대로 손해배상소송을 하거나 거꾸로 국가가 국민을 상대로 손해배상소송을 하는 경우가 있다. 이때 국가의 대표자가 필요한데, 이 일을 송무검사가 맡는다. 송무검사는 국가를 변호하는 일을 한다는 점에서 국가 변호사의 역할을 한다고 생각하면 된다.

검사는 무슨 일을 할까?

검사는 어떤 식으로 수사를 하고 기소를 하며 재판을 진행할까? 우선 수사업무에 관하여 이야기해보자. 경찰은 모든 사건에 대한 수사를 할 수 있지만, 검사는 좀 더 큰 사건에 대한 수사를 진행할 수 있다. 앞에서 검사가 수사할 수 있는 분야에 관해 이야기한 바 있다. 사건이 발생하면 검찰이 수사를 시작한다. 이때 검사 혼자 수사하는 것이 아니라 검찰조직에 검사의 지휘를 받는 검찰수사관과 함께 수사를 한다. 검사가 하는 수사에는 수사를 받는 사람의 허락을 받고 수사하는 방식(임의수사라고 함)과 허락 없이 강제로 수사하는 방식(강제수사라고 함)이 있다.

'임의수사'를 할 때는 수사받는 사람을 심문(따져 물음)하거나 관련된 사람을 조사하거나 관련 전문가의 도움을 받거나 증거확보를 위해 사실을 조회하는 등의 일을 하게 된다. '강제수사'를 할 때는 증인을 신문하거나 필요할 경우

범죄 혐의를 받는 사람을 조사하기 위해 부르거나 체포하고 구속하는 등의 일을 진행한다. 또 증거확보를 위해 증거물을 수색하거나 압수하는 일도 한다. 그런데 증거물을 압수 수색하거나 범죄 혐의를 받는 사람을 조사하기 위해 체포하거나 구속하는 등의 일을 진행하기 위해서는 영장을 발부받아야 한다. 이때 오직 검사만이 영장 발부를 신청할 수 있다. 경찰은 영장 발부 신청을 할 수 없다.

검사는 이런 과정을 거쳐 수사를 마무리하면 이제 범죄 혐의를 받는 사람을 어떻게 처리할지 결정해야 한다. 만약 죄가 없다고 판단되면 재판에 넘기지 않는데, 이를 '불기소 처분'이라고 한다. 죄가 있다고 판단되면 재판에 넘기는데 이를 '기소(공소제기)'라고 한다. 기소할 때 사건의 내용을 모두 적어 공판검사에게 넘기는데, 이때 사건의 규모에 따라 기소장이 수백 페이지를 넘어가는 경우도 있다. 이렇게 기소가 되고 나면 공판검사가 모든 자료를 검토하여 재판을 진행하게 된다.

검사가
되기까지

검사가 되는 방법은 판사가 되는 방법과 비슷하다. 변호사 자격증을 딴 후 검사 임용(채용)시험에 합격하면 검사가 될 수 있다. 자, 검사가 되는 구체적인 방법에 대해 알아보도록 하자.

검사 임용시험에 응시할 수 있는 자격

검사 임용공고는 법무부에서 보통 3월경에 나오고, 5월경에 원서를 접수한다. 그리고 9~10월경에 최종합격자를 발표하는 방식으로 일정이 진행된다.

그렇다면 어떤 사람이 검사 임용시험에 지원할 수 있을까? 법무부에서 공고한 2024년 검사 임용계획을 보면 검사 임용시험에 응시할 수 있는 자격이 잘 나와 있다. 검사 임용시험 응시자격은 다음과 같다.

- 사법시험에 합격하여 사법연수원 과정을 마친 사람
- 변호사 자격이 있는 사람
  - ※ 단, 법학전문대학원 졸업 예정자는 2024년 제13회 변호사 시험 합격 조건
- 검찰청법 제33조(결격사유) 각 호의 어느 하나에 해당되지 않는 사람

위 내용을 살펴보면 현재는 로스쿨 제도이므로 로스쿨을 졸업하고 변호사 시험에 합격한 사람이 검찰 임용시험에 응시할 수 있음을 알 수 있다. 그런데 결격사유에 해당하지 않아야 한다는 단서가 있으므로 이에 대해서도 알아둘 필요가 있다.

검찰청법 제33조의 결격사유는 다음과 같다.

❶ 「국가공무원법」 제33조 각 호의 어느 하나에 해당하는 사람

❷ 금고 이상의 형을 선고받은 사람

❸ 탄핵결정에 의하여 파면된 후 5년이 지나지 아니한 사람

❹ 대통령비서실 소속의 공무원으로서 퇴직 후 2년이 지나지 아니한 사람

만약 위 사항 중에 걸리는 내용이 있을 경우 검찰 임용시험에 응시할 수 없다. 따라서 검사를 꿈꾸는 사람은 정확하게 알아두고 준비해야 한다.

한편, 검찰의 임용은 신규 검사와 경력 검사로 나누어 뽑는데 이에 대한 응시 자격도 차이가 있다. 신규 검사 임용의 경우 앞에서 제시한 조건 외에 다음과 같은 조건을 제시하고 있다.

- 2023년 하반기 및 2024년 상반기 법학전문대학원 졸업 예정인 사람
- 2024년 법무관 전역 예정인 사람

   ※ 각 군필 또는 면제인 사람

즉, 신규 검사 시험은 로스쿨 졸업 예정인 사람만 지원할 수 있다. 검사 시험에 한 번이라도 떨어진 사람들은 이후 경력 검사로 지원할 수 있고, 신규 검사로는 지원할 수 없다는 이야기다. 이것은 판사와 달리 검사만의 특별한 채용 방식 때문이다. 검사는 신규 검사만 로스쿨 재학 때부터 검사 후보생을 선발하는 독특한 제도를 시행하고 있다. 이에 대해서는 바로 뒷부분에서 이야기하도록 하겠다.

한편 검사는 경력 검사 임용시험도 동시에 시행하는데,

경력 검사는 많이 뽑지 않는다. 경력 검사의 경우 법조 경력 2년 이상인 사람을 요구한다는 점에서 신규 검사와 차이가 있다.

검사는 어떤 시험을 통해 선발될까?

신규 검사의 선발 과정은 먼저 후보생을 선출하여 그중에서 최종 합격생을 뽑는 방식으로 진행된다. 현재 검사의 선발은 거의 100% 로스쿨 출신으로 뽑고 있는데, 사실상 검사의 선발은 로스쿨 1학년부터 시작된다고 보는 것이 타당하다. 1학년 성적을 기준으로 상위 30% 내에 드는 학생에게만 후보생 자격을 주기 때문이다.

이렇게 1차 관문을 통과하면 2학년 여름방학 때 검찰일반 실무수습을 받게 된다. 그리고 2학년 2학기 때 검찰실무1 시험을 보게 된다. 이렇게 검찰일반 실무수습 성적과 2학년 2학기까지의 학교 성적을 기준으로 180명을 선발하여 2학년 겨울방학 때 검찰심화 실무수습을 받는다. 그리고 3학년 1학기 때 검찰실무2 시험을 본다. 이를 간단히 정리하면 다음과 같다.

- 1학년 2학기: 1학년 성적을 기준으로 상위 30% 추천
- 2학년 여름방학: 검찰일반 실무수습

127

- 2학년 2학기: 검찰실무1 시험
- 2학년 겨울방학: 검찰심화 실무수습(180명 선발)
- 3학년 1학기: 검찰실무2 시험

위 단계를 다 통과한 사람이 드디어 3학년 1학기 5월경부터 본시험을 보게 된다. 본 시험의 과정은 다음과 같이 이루어진다.

- 5월: 원서 접수
- 7월: 서류전형발표 및 서류 합격자 실무기록 평가
- 8월: 직무 및 발표표현 역량 평가
- 9월: 인성검사 및 조직역량 평가
- 10월: 인사위원회에 의해 합격자 발표

이상의 과정을 보면 로스쿨 시대에 신규 검사가 된다는 게 전혀 쉽지 않은 일임을 알 수 있다. 참고로 2023년에 이러한 과정을 통하여 신규 검사 76명이 선발되었다. 따라서 검사가 되고자 하는 사람은 이런 과정을 대략 알고 준비해야 한다.

검사라는
직업의 장단점

법조인 3인방 중에서 검사는 우리 사회의 암적인 존재인 범죄자를 잡아내고 재판에 넘기는 일을 하는 직업이다. 그런 점에서 검사는 정의심이 강한 사람에게 적합한 직업이라고 할 수 있다. 실제 검찰 웹매거진 〈news-pros〉 창간호 기념으로 검사의 직업 만족도에 대한 설문조사를 실시한 적이 있었는데, 검사가 된 이유를 묻는 질문에서 84%가 "사회적 정의실현을 위해서"라고 답했다.

사회정의를 실현하는 직업이다
인간의 마음은 선한 양심도 있지만, 자신의 이익을 위해 남을 누르고자 하는 욕심도 있다. 이 욕심이 선을 넘을 때 범죄 사건이 일어난다. 범죄 사건이란 단지 남에게 피해를 주는 정도가 아니라 법을 어기면서까지 피해를 주는 사건이다. 사회에 이런 범죄자가 많으면 안전하게 살아갈 수가 없다. 국가는 국민이 안전하게 살아갈 수 있도록 보장해줘야 할 의무가 있다. 이 때문에 경찰과 검찰을 두어 국민의 안전과 인권을 보호해주려는 것이다.

이러한 범죄 사건은 작은 사건도 있지만 큰 사건도 있다. 이때 사회 고위층이 범죄를 일으킨다면 약자들은 고스란히 피해를 볼 수밖에 없다. 검사는 사회적으로 규모가 큰 사건, 그리고 고위층이 일으키는 사건을 더 많이 담당한다. 검사를 통하여 사회적 범죄를 일으킨 사람들은 수사를 받고 범죄 혐의가 증명되면 재판에 넘겨진다. 이로써 사회의 안전과 약자의 인권이 보호받게 되는 것이다.

검사는 사회정의를 세우는 일을 한다는 점에서 큰 자부심을 가질 수 있는 직업이다. 사회정의를 세우는 일을 잘 해내기 위해서는 공정성을 갖추는 것이 매우 중요하다. 앞에서 언급한 설문조사에서 검사에게 가장 중요하게 요구되는 덕목을 묻는 질문에 검사의 67%가 '공정성'이라고 답했다. 공정성이란 사람의 신분에 상관없이 공정하게 대하는 성질이다. 사람을 신분에 상관없이 공정하게 대하는 것은 말만큼 쉬운 일이 아니다. 자기보다 높은 사람은 더 잘 봐주고 낮은 사람은 조금 무시하는 태도는 인간의 나약한 면이기 때문이다. 수사를 하다가 공정성이 무너지면 올바른 수사를 할 수 없으므로 사회정의 실현을 위해 공정성을 키우는 것이 검사의 중요한 덕목이라고 할 수 있다.

검사의 개인 방이 있다

일반적으로 검사실에 들어가면 여직원과 계장이 함께 쓰는 사무실이 있고, 그 바로 옆방에 검사의 개인 방이 있다. 검사의 개인 방에는 검사가 쓰는 책상과 소파가 있다. 그곳에서 손님을 만나거나 혼자 있을 때는 쉬기도 한다. 업무의 여유가 있을 때에는 낮잠도 잘 수도 있다. 이처럼 자신만의 개인 방이 있다는 것은 검사가 갖는 매우 큰 장점이라 하지 않을 수 없다.

잦은 순환근무와 과다한 업무량

검사는 순환근무가 잦기로 악명이 높다. 사실 모든 공조직이 순환근무를 하는데, 그중에서도 검사는 직무의 특성상 더 많은 순환근무를 한다. 왜 그럴까? 검사가 고위층이나 큰 사건을 담당하다 보니 자연히 잘 보이려고 뇌물을 들고 오는 사람이 많아질 수밖에 없다. 그러므로 검사가 한 곳에 오래 있다 보면 자연히 비리가 발생하기 쉬운 구조가 생긴다. 이런 문제를 예방하기 위해 검찰은 잦은 순환근무

제도를 시행하고 있다.

평검사의 경우 2년마다 근무지를 옮기고, 부장검사의 경우 1년마다 근무지를 옮긴다. 특히 평검사는 첫 근무지가 지방이 될 확률이 높은데, 3학년은 되어야 서울로 갈 수 있다는 말이 검사들 사이에서 돌고 있다. 한 곳에서 2년을 근무하므로 6년을 근무해야 서울로 갈 수 있다는 말이다. 서울에 근무하기 힘든 이유는 전체 검사 2천여 명 중 서울에 배정된 검사 자리가 30% 정도에 불과하기 때문이다.

앞의 설문조사에서 검사들이 뽑은 가장 큰 단점은 무엇일까? 잦은 순환근무가 아닌 과다한 업무량(48%)이었다. 잦은 순환근무(32%)는 그 뒤를 이은 단점이었다. 검사들은 도대체 얼마나 많은 일을 하기에 과다한 업무량을 가장 큰 단점으로 뽑은 것일까?

검사가 하는 일은 경찰로부터 넘어온 사건을 처리하는 것이다. 지역에 따라 차이가 있지만, 수도권의 경우 보통 한 검사가 한 달에 처리하는 사건의 수가 300건 정도로 알려져 있다. 매일 쉬지 않고 일한다고 했을 때 하루 10건의 사건을 처리해야 한다는 뜻이다. 사건에는 구속사건과 불구속사건이 있는데, 다행히 일이 더 많은 구속사건보다 불구속사건이 훨씬 많다. 불구속사건은 간단하게 처리할 수 있지만, 구속사건은 피의자를 불러 조사도 해야 하므로 일이 훨씬 많아진다. 한 검사에게 배정되는 검찰수사관은 2~3명이 전부다.

한 달 300여 건의 사건은 일을 꼼꼼하게 하는 스타일의 검사가 매일 자정까지 일해야 할 정도로 많은 분량이다. 이 때문에 검사들은 과중한 업무량을 단점으로 뽑은 듯하다.

검사의
하루 따라가기

검사 조직은 판사나 변호사보다 위계질서가 훨씬 강하기 때문에 검찰청의 공기는 법원에 비하여 경직되어 있고 무겁게 느껴진다. 출근 시간도 엄격해 반드시 9시 정각까지 출근해야 한다. 만약 1분이라도 늦으면 질책받기 일쑤다. 과연 이런 분위기 속에서 검사의 하루는 어떻게 흘러갈까? 다음은 법률신문 "법의 날 특집 _형사부 검사의 하루"라는 기사에 소개된 검사들의 하루를 재구성한 것이다.

형사부, B 검사의 하루

B 검사는 전국에 50명, 서울중앙지검에는 단 4명뿐인 수사 지휘 전담검사이다. 어김없이 아침 9시에 출근하자마자 일선 경찰관들의 전화가 빗발친다. 일선 경찰들은 검사와

연계하여 수사를 진행하게 되는데 검사에게 상의할 일이 있기 때문이다. 성격 급한 경찰은 검사실로 직접 찾아오기도 한다.

B 검사는 오전 업무를 진행하며 자꾸 시계를 본다. 11시에 오늘 처리해야 할 경찰 영장 신청서들이 접수되기 때문이다. 이 신청서가 얼마나 되느냐에 따라 오늘 업무량도 결정된다. 드디어 11시가 되고 영장 신청서들이 쏟아졌는데, 다행히 오늘은 평년작이다. B 검사는 휴우, 하고 한숨을 내쉰다.

오늘은 조금 여유롭게 가나 싶었는데, 오후 3시경 부장 검사로부터 급한 호출이 왔다. 변사체가 발견되었다는 것이다. B 검사는 수사지휘 전담검사이기 때문에 이 경우 검시에 참여해야 한다. 검시란 시체를 잘 살펴 증거를 찾아내는 일이다. 현장으로 달려갔더니 경찰이 사망 기록지를 내민다. 시체는 병원 검안실로 옮겨진 상태다. B 검사는 병원 검안실로 가 일회용 비닐장갑을 끼고 검안을 실시한다.

이런 일이 있는 날은 야근을 할 수밖에 없다. 서울중앙지검 형사부 검사들은 한 달 평균 180건 정도의 사건을 처리한다. 하나의 사건을 처리하는 데도 많은 서류 작업이 필요하다. 이 때문에 B 검사의 업무는 오늘도 야근으로 이어진다. 사실 서울중앙지검에 부임한 이후 야근과 주말 근무는 밥 먹듯 하는 것이었다. B 검사는 오늘도 퇴근이 늦었지만 집에서 기다리고 있을 아내와 아이들을 떠올리며 빙긋이 미소 짓는다.

여성아동범죄조사부, H 검사의 하루

여성아동범죄조사부에서 근무하고 있는 H 검사는 일이 산더미처럼 많아 아예 새벽 6시에 집을 나선다. 오늘은 일찍 퇴근해 아이들과 시간을 보내기로 했기 때문이다.

오늘 해야 할 일은 경찰로부터 넘어온 사건을 처리하고 또 사건 관련 조사하는 일이다. 여성아동범죄조사부의 일은 기온에 따라 사건 수가 많아지는 곡선을 이룬다. 겨울에는 사건 수가 줄어들었다가 봄이 되면 사건 수가 많아진다. 그러다가 여름이 되면 정점을 찍게 된다. 지금은 날씨가 따뜻해지는 시기이므로 갑자기 사건의 수가 많아지는 때이다.

정신없이 일하다 보니 어느새 점심시간이다. 점심은 직원들과 함께 검찰청 구내식당에서 해결한다. 하지만 일이 바쁜 관계로 허겁지겁 먹고 다시 올라와 일을 서두른다.

오후 시간에는 주로 사건 관련 조사를 진행한다. H 검사는 오래된 베테랑 검사이기에 가능한 직접적인 조사는 하지 않는다. 2차 피해가 발생할 수 있기 때문이다. 이 때문에 간접적인 조사를 하는데, 그중 변호인에게 알아보는 방법도 있다. 사건 관련 조사를 진행하는 사이 잠시 틈이 나면 다시 사건 관련 서류처리 업무를 틈틈이 한다. 이렇게 서류 작업을 하다 보면 어떤 경우 책 몇 권의 두께가 되기 일쑤다. 이 때문에 H 검사의 사무실은 서류 뭉치로 가득하다.

H 검사는 정시에 퇴근하기 위해 최선을 다한 결과 6시에 퇴근할 수 있게 되었다. 새벽 6시에 출근했기 때문에 사실상 정시 퇴근이라고 하기에는 뭣하다. 집에서 기다리고 있는 딸을 만나는 순간 하루의 노고가 싹 풀리는 기분이다.

대한제국 최초의 검사, 이준

헤이그 밀사사건은 나라를 잃을 위기에 놓인 조선의 황제 고종이 비밀리에 만국평화회의가 열리는 네덜란드 헤이그에 특사 3명을 보낸 사건이다. 이 3명 중 한 사람이 이준이다. 이준은 당시 울분을 참지 못하고 운명한 것으로 알려져 있다. 그런데 이준이 대한제국 최초의 검사였다는 사실을 아는 사람은 많지 않다.

이준은 갑오개혁에 의해 만들어진 법관양성소에 들어가 제1회로 수료하면서 대한제국 최초의 검사가 되었다. 당시 그는 정의심에 불타는 검사로서 조정 관료들의 불법을 파헤쳤는데, 이것이 밉보여 한 달 만에 쫓겨나게 되었다. 이후 독립협회 일을 하면서 우여곡절 여러 가지 일을 겪은

뒤에, 1906년 최고사법기관인 평리원의 검사가 되었다. 이준은 평리원 검사 생활을 하면서 백성들의 사건을 엄정하고 바르게 잘 처리하여 칭송받았다.

그러나 뜻하지 않은 사건이 발생하면서 이준의 삶이 틀어지기 시작했다. 당시 고종의 아들이었던 순종이 혼인하게 되어 나라에 경사가 났다. 이에 고종은 오늘날의 특별사면에 해당하는 '은사령'을 내려 옥살이를 하는 사람들을 풀어주라는 지시를 내렸다. 그래서 오늘날의 법무부에 해당하는 법부에서 풀어줄 사람들의 명단을 작성하여 이준에게 보냈다. 그런데 이준이 명단 작성은 검사가 해야 할 일이라면서 을사오적을 처단하려다가 체포된 애국지사들의 명단을 끼워넣었다. 하지만 법부는 이를 무시하고 처음에 쓴 명단을 고종에게 올렸다.

뒤늦게 이 사실을 안 이준은 노발대발하며, 법부의 해당 관리를 고소하였다. 그러자 법부에서도 발끈하여 이준을 체포하여 잡아들여 버렸다. 당시 법부와 새롭게 신설된 평리원이 사법 권력을 놓고 벌어진 비극이었다.

그런데 이준은 백성들에게 높은 지지를 받고 있었기에 군중들이 몰려와 이준의 석방을 요구하는 일이 벌어졌다. 결국 이준은 석방되는 듯했으나 다시 잡혀가게 되었고 재판에서 무려 태형 100대라는 형벌을 선고받았다. 이준은 이 형벌을 벌금으로 대신한 것으로 알려져 있다.

　이 형벌 이후 이준은 다시 저항하였으나 결국 파면됨으로써 검사 생활을 마쳤다. 아마도 고종은 이런 이준의 기개를 높이 사 헤이그 특사로 보낸 듯하다.

5장
법과 관련된 다양한 직업들

법무사
마스터플랜

지금까지 법조인 관련 직업에 대해 알아보았다. 우리나라에서 법조인은 판사, 검사, 변호사로 규정하는 전통이 있다. 하지만 여러분 중에는 법과 관련된 직업을 원하지만 판사, 검사, 변호사가 적성에 맞지 않아 고민하거나, 높은 성적이나 과정이 부담되어 망설이는 사람이 있을 것이다. 그럴 때 법무사에 대해 알아보는 것은 어떨까?

법무사는 무슨 일을 할까?

법무사란 무엇이며 어떤 일을 하는 직업일까? 법률과 관련된 일을 처리하기 위해서는 복잡한 서류를 작성하고 처리해야 한다. 법무사는 바로 이러한 일을 대행하는 직업이다. 법무사법 제2조에는 법무사가 하는 일에 대해 다음과 같이 정의하고 있다.

민사소송, 형사소송, 등기, 민사집행, 가압류, 가처분, 공탁, 개인
회생, 파산, 가사사건, 이혼사건, 개명사건 등의 서류작성, 공경매
사건 관련 신청대리, 위 사무를 위한 법률자문·상담 등 업무를 수
행한다.

사람들은 언제 법무사를 만날까? 주로 집을 사고파는 과
정에서 법무사를 만난다. 집을 살 때 소유를 인정받기 위해
서는 반드시 등기(집을 국가가 정한 등기부에 올리는 일)를 해
야 하는데, 이때 법무사가 등기 관련 일을 대행해주기 때문
이다. 실제 법무사가 하는 업무 중에서도 부동산 등기 관련
업무가 사법 서류처리 관련 업무보다 더 많은 것으로 알려
져 있다.

법무사는 주로 법무사 사무실을 차려 일한다. 법원이나
세무서 같은 관공서 근처에 가면 법무사 사무실이 늘어서
있는 것을 볼 수 있다. 법무사는 민사소송, 형사소송, 등기
등의 서류 작성이나 그런 사무를 위한 법률자문·상담 등
을 해주고 그에 따른 보수를 받아 수입을 얻는다. 법무사의
보수는 다음과 같이 법으로 정해져 있다.

❶ 부동산등기 사건의 보수

❷ 상업 법인등기 사건의 보수

❸ 후견등기에 관한 사건의 보수

❹ 동산·채권담보등기 사건의 보수

❺ 공탁 사건의 보수(보증보험 포함)

❻ 경매 공매 사건의 보수

❼ 송무 비송 집행사건의 보수

❽ 개인파산 및 개인회생 사건의 보수

❾ 기타 대행업무의 보수

❿ 상담 및 실비변상의 비용 등

법무사, 어떻게 될 수 있을까?

법무사가 되기 위해 어떤 과정을 거쳐야 할까? 법무사가 되기 위해서는 법무사 시험에 합격해야 한다. 법무사 시험은 매년 6월경에 1차 시험, 9월경에 2차 시험을 치러 최종 합격자를 뽑는다.

1차 시험은 다음과 같이 8과목으로 구성되어 있다. 서울, 부산, 대구, 대전, 광주 등 5곳에서 동시에 시험이 치러진다.

[1교시]

- 제1과목: 헌법+상법 50문항

- 제2과목: 민법+가족관계의 등록 등에 관한 법률 50문항

[2교시]

- 제3과목: 민사집행법+상업등기법 및 비송사건절차법 50문항

- 제4과목: 부동산등기법+공탁법 50문항

2차 시험은 다음과 같이 7과목으로 구성되어 있으며 2일 동안 일산에 있는 사법연수원에서 시험이 치러진다.

2차 시험

[1일차]

- 민법 대문제 3문항

- 형법 대문제 2문항

- 형사소송법 대문제 1문항

[2일차]

- 민사소송법 대문제 2문항

- 민사사건 관련서류의 작성 대문제 1문항

- 부동산등기법 대문제 2문항
- 등기신청서류의 작성 대문제 1문항

　법무사 시험은 1년에 130명만 뽑기 때문에 1차 시험부터 난이도가 매우 높은 것으로 알려져 있다. 원래 한 해 120명을 뽑다가 2021년부터는 130명을 선발하고 있다. 한편, 법무사 시험은 상대평가로 진행하는데, 1차 시험에서 최종 합격자의 3배수를 뽑는 방식이다. 즉 시험의 성적과 상관없이 1차 시험에서는 390명을 뽑고, 그들이 경쟁하여 130명 안에 들면 합격하는 방식이다.

　2023년 기준 법무사의 평균 연봉은 대략 6,000만 원대 후반으로 나와 있는데, 다른 직종에 비해 경력에 따른 수입의 차이가 크지 않다. 즉 업무의 특성상 최하위 법무사라 하더라도 약 5천만 원대의 연봉은 보장되어 있다. 또한 개인 법무사 사무실을 열 경우 이보다 훨씬 높은 수입을 기대할 수 있다. 이 때문에 법무사 시험은 난이도도 높고 경쟁률이 매우 높은 편이다.

변리사
마스터플랜

변리사는 널리 알려진 직업이 아니기 때문에 주변에서 찾아보기가 쉽지 않다. 그런데 변리사가 억대 연봉을 받는다는 소문이 나면서 변리사에 관심을 갖는 사람들이 늘고 있다.

변리사는 무슨 일을 할까?

변리사는 간단히 말해 특허와 관련된 일을 대리하는 직업이다. '특허'란 특별히 발명된 것에 대해 재산권을 허락해주는 일을 뜻한다. 예를 들어 어떤 사람이 발명품을 만들었을 때 그 사람만의 재산권으로 인정하여 다른 사람이 도용하지 못하도록 하는 것이 특허이다. 특허에는 특허권, 실용신안권(특허보다 작은 발명), 디자인권 및 상표권 등이 있는데 이 모든 것을 합하여 산업재산권이라고 한다. 변리사는 특허와 관련된 일에 대하여 특허를 받을 수 있는지 알아봐 주거나 특허청 일을 대리하고, 문제가 생겼을 때 소송을 대리해주는 등의 일을 한다.

변리사는 특허법률사무소나 좀 더 규모가 큰 특허법인 등에서 일하는데, 초봉부터 대기업 못지않은 연봉을 받는다. 그리고 1년마다 천만 원씩 연봉이 오르는 구조로 되어 있어서 5년 차가 지나면 대부분이 억대의 연봉을 받는다. 또 자신이 독립하여 특허사무소를 차릴 수 있는데, 이때 능력에 따라 더 많은 수입을 올릴 수도 있다.

변리사, 어떻게 될 수 있을까?

변리사는 발명과 관련된 일을 해서 이과 계열의 공부를 한 사람에게 유리하다. 변리사가 하는 일은 기술에 따라 크게 기계공학 분야, 화학공학 분야, 전기전자 분야, 생명과학 분야 등 네 분야로 이루어져 있다. 따라서 변리사가 되고자 한다면 이 네 분야 중 한 분야 이상에서 전공적인 지식을 갖추고 있어야 한다. 이 때문에 변리사는 대학에서 복수전공을 한 사람들에게 유리하다. 만약 앞에서 말한 네 분야의 전공지식을 갖추지 못했다면 변리사 업계에서 낮은 단계에 해당하는 디자인권과 상표권 일밖에 할 수 없다.

변리사가 되기 위해서는 변리사 시험에 합격해야 하는데, 변리사 시험은 난이도가 매우 높은 시험으로 유명하다. 국가기술고시(기술직 5급 공무원 시험)와 비교될 정도이다.

변리사 시험은 1차와 2차로 나누어 치르는데, 2차 시험은 이틀에 걸쳐 치른다. 1차와 2차 시험의 내용은 다음과 같다.

[1차 시험과목]

- 1교시 산업재산권법
- 2교시 민법개론
- 3교시 자연과학개론

[2차 시험과목]

- 1일차: 특허법, 상표법
- 2일차: 민사소송법, 아래 19개 과목 중 택1

  디자인보호법(조약 포함), 저작권법(조약 포함), 산업디자인, 기계설계, 열역학, 금속재료, 유기화학, 화학반응공학, 전기자기학, 회로이론, 반도체공학, 제어공학, 데이터구조론, 발효공학, 분자생물학, 약제학, 약품제조화학, 섬유재료학, 콘크리트 및 철근콘크리트공학

2023년 기준으로, 1차 객관식 시험의 경우 평균 70점을 넘어야 합격할 수 있으며, 2차 시험의 경우 필수과목은 평균 60점, 선택과목은 50점 이상을 받아야 합격권에 들 수 있다. 변리사 역시 법무사처럼 합격자 수가 정해져 있으므로 사실상 상대평가라고 할 수 있다. 변리사는 매년 성적순으로 200명을 선발하고 있기 때문이다. 한편 변리사는 영어 능력도 필요한데, 토익 775점 이상이 되어야 한다.

세무사
마스터플랜

세무사는 법과 관련된 직업 중 법무사, 변리사와 함께 3대 인기 직종이다. 세무사가 인기 있는 이유는 우리나라에서 경제활동을 하는 모든 국민은 세금을 내야 하는데, 세무와 관련된 일을 대신해주는 직업이 세무사이기 때문이다.

세무사는 무슨 일을 할까?

세무사는 구체적으로 어떤 일을 할까? 대한민국 국민은 납세의 의무가 있다. 따라서 세금을 납부해야 하는데, 이때 세금의 종류가 생각보다 많고 납부하는 과정도 복잡하다. 이 때문에 나라에서는 세무사 제도를 두어 세무사에게 세금 관련 업무를 대신할 수 있도록 하고 있다. 이렇게 세무사는 국민과 기업의 세금 관련 업무를 대신하는 직업이다.

세무사는 세금 관련 업무 외에도 법으로 다음과 같은 일도 병행하여 할 수 있다.

❶ 기업(재무)진단(건설산업기본법 제49조 등) 및 경영컨설팅

❷ 고용, 산재보험 관련 보험사무대행(고용보험 및 산업재해보상보험의 보험료 징수 등에 관한 법률 제33조)

❸ 비상장주식의 가치평가(세무법인)(상속세 및 증여세법 시행령 제56조)

❹ 성년후견인 업무(질병, 장애, 노령, 그 밖의 사유로 인한 정신적 제약으로 사무를 처리할 능력이 지속적으로 결여된 사람에 대한 신상 보호 및 재산 관리)

세무사가 되면 개인 세무사 사무실을 열거나 세무법인 등에 취업하여 일하게 된다. 초보 세무사는 일을 배워야 해서 처음부터 개인 세무사 사무실을 열지 않는다. 그래서 세무법인 등에 취업하여 3~5년 정도 경력을 쌓은 후 개인 사무실을 여는 것이 대부분이다. 세무법인 등에 취업하면 초봉은 세무법인마다 차이가 있지만, 일반 중견기업 수준으로 알려져 있다. 개인 세무사 사무실을 열 경우 수입은 각각 다르다. 다만 국세 통계에 개인 세무사 사무실의 평균 매출이 3억 2천만 원(2022년 기준)으로 나와 있어 대략 수

입을 짐작할 수 있다.

세무사, 어떻게 될 수 있을까?

법무사나 변리사와 마찬가지로 세무사 시험에 합격하여
야 세무사가 될 수 있다. 세무사 시험은 1차와 2차에 걸쳐
치러진다. 1차 시험은 매년 4월 말~5월 초에 서울, 대전, 대
구, 부산, 광주 등 5곳에서 치러진다. 2차 시험은 매년 7월
초에 서울에서만 실시된다. 각 시험의 과목은 다음과 같다.

[1차 시험]

재정학 / 세법개론 / 회계학개론 / 민법·상법·행정소송법

[2차 시험]

회계학 1부 / 회계학 2부 / 세법학 1부 / 세법학 2부

이 외에 공인 영어 성적을 요구하는데 토익 기준 700점
이 되어야 한다. 세무사 시험의 경우 법무사나 변리사와 달
리 절대평가로 합격자를 뽑는데, 1차 시험과 2차 시험 모
두 전 과목 평균 점수가 60점 이상이면 합격할 수 있다. 단,
한 과목이라도 40점 미만이 나오면 불합격이다. 다만, 예
외가 있는데 만약 전체 합격자가 700명이 안 될 경우 평균

점수가 60점이 안 되는 사람이라도 뽑는다. 즉, 세무사는 1년에 최소 700명 이상을 뽑는다.

2023년 기준 1차 시험 합격률이 15.7%, 2차 시험 합격률이 11.3%밖에 되지 않았다. 세무사 시험 역시 쉽지 않은 시험임을 알 수 있다.

노무사, 관세사, 법조공무원, 법학과 교수 마스터플랜

법 관련 직업에는 이 외에도 노무사, 관세사, 법조공무원 등을 들 수 있다. 법학과 교수 역시 법 관련 직업이라고 할 수 있다.

노무사는 무슨 일을 할까?

노무사는 노동 관련 분야의 지식 서비스를 제공하는 직업이다. 정식 명칭은 공인노무사이다. 노동이란 한 마디로 돈을 벌기 위해 육체적, 정신적으로 하는 모든 일을 뜻한다. 사람이 돈을 벌기 위해서는 주로 직장에 취직해서 일하므로 모든 직장인은 노동을 하고 있다고 할 수 있다. 노동을 하다 보면 여러 가지 문제가 생길 수 있는데, 노무사는 바로 이런 노동과 관련된 문제를 해결하기 위해 노동법과 관련된 법적인 지식 서비스를 제공하는 직업이다.

노무사가 되기 위해서는 공인노무사 자격시험에 합격해야 한다. 공인노무사 시험은 1차, 2차, 3차에 걸쳐 시행된다. 시험에 대한 안내는 매년 3월에 한국산업인력공단 홈페이지와 주요 일간지에 소개되니 참고하여 시험에 응시하면 된다. 참고로 공인노무사는 매년 약 300명을 선발하며 합격률은 매년 50% 이상으로 높은 편이다.

노무사 시험에 합격하면 노무사 사무실이나 노무법인에 취직하여 일할 수 있다. 최근에는 법무법인 사무소나 일반 기업에서도 노무사를 뽑는 경우가 있다. 어느 정도 경력이 쌓이면 개인 노무사 사무실을 낼 수도 있다. 커리어넷에 소개된 노무사의 평균 연봉은 5천만 원대로 알려져 있다.

관세사는 무슨 일을 할까?

기업이 무역을 통하여 수입과 수출을 하는 과정에서 반드시 내야 하는 세금이 있는데, 바로 관세이다. 관세사는 바로 이 관세와 관련된 업무를 대리해주는 직업이다. 관세는 관세법에 의해 세금을 내야 하는데, 보통 사람은 복잡한 관세법에 대해 잘 모르기 때문에 관세사라는 직업이 필요하다. 그래서 탄생한 직업이 관세사이다. 관세사는 한 마디로 여러 세금 중 관세에 해당하는 업무만 한다.

우리나라는 수출로 먹고사는 나라이다. 수출로 세계 10대 경제 강국이 되었다고 말해도 과언이 아니다. 그러다 보니 수출과 수입의 규모가 매우 큰 상태이기 때문에 관세사가 할 일이 많아졌다. 실제 우리나라 수출입 물량의 97%를 관세사가 담당하고 있다.

관세사가 되기 위해서는 관세사 시험에 합격해야 한다. 관세사 시험은 1차 시험과 2차 논술 시험으로 구성되어 있다. 1차 시험에서 응시자의 20% 이상이 합격하며, 2차 시험은 1차 합격자 중 20% 내외가 합격하는 것으로 알려져 있다.

관세사가 되면 일반적으로 관세사무소나 관세법인, 통관취급법인 등에 취업하여 일한다. 최근 회계법인, 법무법인, 일반기업체 등에서도 관세사를 뽑기도 하며, 개인 사무실을 내서 일할 수도 있다. 커리어넷에 소개된 직장 관세사의 평균 연봉은 5천만 원대로 알려져 있다.

법조공무원은 무슨 일을 할까?

법과 관련된 직업으로 법조공무원도 있다. 법조공무원은 대표적으로 법원 공무원, 검찰청 공무원이 있고, 그 외 세무공무원, 관세직 공무원도 있다. 특히 공무원 시험에 응시할 때 자격증이 있으면 가산점 5%를 받을 수 있기 때문에 자격증을 따두면 매우 유리하다. 예를 들어, 세무사 자격 증을 가지고 세무공무원에 응시하면 5% 가산점을 받을 수 있다. 공무원 시험에 합격하기 위해서 1~2점 차이가 매우 중요하기 때문에 5% 가산점을 받는 것은 매우 유리한 고지를 점령하는 것이다.

법학과 교수는 무슨 일을 할까?

법조인과 법 관련 전문가를 양성하려면 그들을 가르칠 수 있는 교육자가 필요하다. 바로 법학과 교수가 그런 일을 한다. 학문에 관심이 있고 가르치는 일에 자질이 있다면 법학과 교수를 꿈꿔도 좋겠다. 법학과 교수가 되고자 한다면 대학원 공부까지 해야 하고 박사학위를 받아야 한다. 대학 졸업 후 박사학위를 받는 과정까지 최소한 5년 이상이 걸린다. 그보다 훨씬 더 많은 시간이 필요할 수도 있다. 하지만 법학과 교수는 안정된 직업생활을 할 수 있고, 또 사회에서 존경받는 직업이기에 도전해볼 만하다.

독일 최초의 변리사, 에밀 호프만

18세기에 일어난 산업혁명은 기계화에 의한 대량생산을 이끌어 인류의 삶을 획기적으로 발전시킨 사건으로 기록되고 있다. 산업의 발전이 가능했던 것은 기술의 개발과 더불어 발명으로 인해 새로운 제품들이 쏟아져 나왔기 때문이다. 이러한 발명과 기술의 발전이 급속하게 이루어지던 시기가 바로 19세기였다. 발명왕 에디슨이 등장한 것도 바로 이때였다.

이 시기에 이루어진 발명을 소개하면 1893년 디젤 엔진, 1894년 최초의 디프테리아 백신, 1895년 최초의 X선 장치, 1890년대 말 최초의 무선 전신기 발명 등으로 새로운 발명품들이 폭포처럼 쏟아져 나오고 있었다. 이러한 발명품들이 쏟아져 나오면 반드시 생기는 문제가 발명품의 소유권에 대한 다툼이었다. 실제 이 시기에 가솔린 엔진의 발명에 대한 격렬한 소송이 진행되기도 했고 화학 염료의 발명품에 대한 소송이 벌어지기도 했다.

독일에서는 이러한 문제를 해결하기 위해 베를린에 제국특허청을 설립하였다. 이제 특허 관련 일을 맡아서 진행할 특허 전문가가 필요한 상황이 된 것이다. 이에 관심을 가진 사람이 당시 토목 엔지니어로 일하고 있었던 에밀 호프만이다. 호프만은 발명의 특허 관련 일을 다루는 회사를 세워야겠다고 생각하고 베를린에 특허사무소를 설립하였다. 이것이 독일 최초의 특허사무소였다. 이와 함께 발명가협회, 특허협회는 물론이고 특허사무원협회도 설립되었다.

당시 독일 정부에서도 특허 전문가 양성이 필요하다고 판단하여 초기 변리사법을 만들고 교육에 나서기 시작했다. 에밀 호프만은 이 교육을 받고 독일 최초의 변리사가 되었다.

에밀 호프만의 특허사무소는 발전을 거듭했다. 주로 중소기업의 발명 특허를 다루었지만, 1925년에는 화학 분야 박사학위를 가진 아들 에릭이 합류하면서 미국 대기업의 발명 특허까지 자문하는 특허사무소로 성장했다. 그러나 에밀 호프만의 특허사무소는 독일이 2차 세계대전을 일으키면서 쇠락하게 되었고, 사무소가 폭격을 맞으면서 사라졌다.

6장
법조인의
미래

인공지능 변호사,
로스

법조인은 사회적으로 존경을 받으며 선망의 대상이 되어온 직업이다. 그런데 2017년, 초당 1억 장의 서류를 검토해내는 인공지능 변호사 로스가 등장하면서 변호사 사회를 바짝 긴장시켰다. 만약 변호사 업무를 해낼 수 있는 인공지능 변호사가 나온다면 변호사들이 일자리를 잃을지도 모르기 때문이었다.

인공지능 변호사 로스는 캐나다의 스타트업인 '로스 인텔리전스'가 아이비엠(IBM)의 슈퍼 컴퓨터 왓슨을 기반으로 하여 만든 인공지능 프로그램이다. 로스 인텔리전스는 로스가 최초의 인공지능 변호사라고 주장하고 있다. 로스는 어떤 능력을 갖추고 있을까? 인공지능 변호사 로스는 인간 변호사들이 물어보는 질문에 척척 답해줄 수 있을 뿐만 아니라, 초당 1억 장의 법률 문서를 검토하여 해당 사건에 가장 적절한 내용을 찾아서 추천해주는 기능이 있다. 이 때문에 미국 뉴욕의 대형 로펌들은 서둘러 인공지능 변호사 로스를 도입하기 시작했다.

그중 하나가 법무법인 '베이커 앤드 호스테틀러'이다. 이 회사는 로스를 인간 변호사 50명이 일하는 파산 분야에 배치하여 일을 시켰다. 그 결과 로스는 판례 파산과 관련된 수천 건을 검색하여 '베이커 앤드 호스테틀러'가 맡고 있는 사건에 도움이 될 만한 내용을 척척 골라주었다. 인간 변호사가 달려들었다면 며칠이나 걸릴 일을 단시간에 해낸 것이다.

그렇다면 현재 인공지능 변호사는 어느 정도로 변호사의 일을 대신할 수 있을까? 아직 인공지능 변호사가 모든 변호를 대신한다는 뉴스가 없는 것으로 보아 인공지능 변호사가 변호사의 모든 업무를 대신하고 있지 못함을 알 수 있다. 실제 인공지능 변호사를 사용해본 변호사들 역시 인공지능 변호사가 업무를 도와주는 것은 사실이지만, 변호사 일 자체를 대신할 수 있는 수준은 아니라고 말한다. 인공지능 변호사는 법률 문서를 검토할 수 있다는 점에서는 인간 변호사를 능가하지만, 그 외에 사건 당사자와 소통하는 일에서는 약점을 드러난다.

인공지능 변호사 외에 법률 서비스 인공지능도 속속 등장하고 있다. 법률 서비스 인공지능은 소송이나 세금과 관련된 법률 지식이 궁금할 때 자동으로 답변해주는 기능을 지니고 있다. 그동안 소송이나 세금과 관련된 문제가 발생하여 법률적 지식을 물어보려 하면 해당 변호사 사무실이나 세무사 사무실을 찾아가 돈을 내고 답변을 들어야 했다. 그런 점에서 법률 서비스 인공지능의 등장은 변호사와 세무사의 법률상담 업무를 대신하고 있다고 볼 수 있다.

인공지능이 법조인을 대신하는 시대가 올까?

인공지능 변호사 외에 인공지능 판사와 인공지능 검사도 등장하여 법조인의 미래 일자리를 위협하고 있다. 먼저 인공지능 판사의 경우 인공지능으로 판결해주는 프로그램이 있다. 이 프로그램에 그동안 판사들이 내린 사건을 집어넣었더니 실제 판사가 내린 판결과 거의 유사한 내용으로 판결이 나와 놀라움을 자아냈다.

경찰로부터 넘어온 사건에 대하여 기소 여부를 결정하는 인공지능 검사도 개발되었다. 이 역시 실제 검찰이 내린 판단과 크게 다르지 않아 충격을 주고 있다. 북유럽의 에스토니아에서는 이미 7,000유로 이하의 소액 재판에 대해서는 인공지능 판사가 판결하고 있다. 또한, 중국의 푸둥 인민검찰청에서는 인공지능 검사를 도입하여 일부 사건의 기소 여부를 결정하고 있다고 한다.

실제 재판에서 인공지능 변호사가 활동하는 사례도 등장했다. 미국 기술매체 〈기즈모도〉에 따르면, 2023년 2월 세계 최초로 인공지능 변호사가 실제 미국의 법정에서 교통법규 위반 혐의자를 변호하게 되었다고 발표했다.

어떻게 실제 법정에서 인공지능 변호사가 활동할 수 있을까? 그것은 로봇처럼 생긴 인공지능 변호사가 등장하는 것이 아니라, 피고가 인공지능 변호사 프로그램과 응답하는 방식으로 진행된다. 즉, 피고가 법원의 주장에 대해 응답해야 할 말을 인공지능 변호사 프로그램이 답하는 방식으로 재판이 진행되는 것이다. 이때 사용된 인공지능 변호사 프로그램은 두낫페이가 만든 '두낫페이(DoNotPay)'인 것으로 알려져 있다.

한편, 일반인도 인공지능 챗GPT를 통하여 법률 서비스를 받을 수 있는 시대가 이미 도래하였다. 강민구 서울고등법원 부장판사는 최근 공무원 대상 강연에서 GPT-4 기반 챗GPT에게 "나는 학교폭력 피해자다. 친구가 매일 이유도 없이 때린다. 고소하고 싶어도 우리 엄마는 돈이 없다. 이런 나를 위해 고소장 샘플을 만들어줄래?"라는 질문을 던졌다. 그러자 챗GPT는 학교폭력 관련 고소장 양식을 줄줄

이 내놓아 사람들을 놀라게 만들었다.

초고속으로 발전하는 인공지능 시대, 과연 인공지능이 법조인을 대신하는 때가 올까? 아직은 법조인을 완전히 대체하는 인공지능 법조인이 나온 것은 아니지만, 지금보다 인공지능이 조금 더 발전한다면 인공지능 법조인이 법조인의 업무를 완벽하게 대신할 날이 올 것이다. 이에 대한 찬반론은 팽팽하다. 한편에서는 앞으로 인공지능 기술이 더욱 발전하여 많은 법조인이 직업을 잃을 거라고 전망하고 있다. 다른 한편에서는 아무리 인공지능이 발전해도 섬세한 인간의 감정과 정서적인 관계까지 다루기는 어렵기 때문에 인공지능이 법조인의 업무를 도울 뿐이지, 완전히 대체하는 시대는 오지 않을 거라고 전망하고 있다.

인간의 미래에 대해서는 누구도 정확히 예측하기 어렵다. 다만 상황을 받아들이고 인공지능 등의 기술을 잘 활용하며 업무의 효율을 높이기 위해 노력하는 자세가 필요하다.

법조인의
미래 전망

앞에서 인공지능의 등장으로 인해 법조인의 미래가 불투명하다고 이야기했다. 하지만 많은 전문가가 인공지능의 시대가 온다고 하더라도 당장은 법조인의 업무를 100% 대체할 수 없다고 평가하고 있다. 인공지능이 인간의 업무를 완전히 대체하기 위해서는 인간의 지능뿐만 아니라 인간의 감성과 감각까지도 대신할 수 있어야 하는데, 그런 수준의 인공지능이 개발되기 위해서는 앞으로 수십 년의 시간이 더 필요하기 때문이다.

법조인의 미래 전망은 밝다!

한국고용정보원 미래직업연구팀에서는 법률 전문직의 미래 시나리오에 대하여 워크숍을 열고 집단심층면접을 통한 설문조사를 실시하였다. 그 결과 가장 많은 42.5%가 '기존의 법조인은 그대로 유지될 것이며, 인공지능은 법률 사무를 보조하는 차원에서 발전할 것'이라고 응답했다. 반면 '인공지능이 지금의 법률 사무를 거의 대체할 것'이라는 답변은 24.5%가 나왔다.

이와 관련하여 한 전문가는 변호사의 경우 미래에 일자리가 더 많아질 수도 있다는 의견을 내놓았다. 이것은 인공지능 변호사에 의해 변호사의 일자리가 줄어들 것이라는 기존의 의견과 반대되어 더욱 주목받았다. 인공지능이 발달할수록 변호사의 일자리가 더 늘어나는 이유는 인공지능 변호사의 등장으로 인해 변호사의 업무가 더 효율성과 전문성을 띨 수 있기 때문이다.

예를 들어, 변호사가 다루는 문서 중에서 양해각서라는 문서가 있는데, 이것을 인간 변호사가 분석하려면 거의 3일이 걸린다. 그런데 인공지능 변호사에게 맡기면 2시간이면 끝난다. 이로 인해 인간 변호사는 남는 시간에 의뢰인을 위한 변호에 훨씬 더 전문성을 키울 수 있다. 인공지능 변호사가 단순 서류 관련 일을 해주는 동안, 인간 변호사는 훨씬 더 고차원적인 일을 할 수 있다. 이로 인해 만족을 얻는 의뢰인은 더욱 많아질 것이고, 변호사에게는 고객이 더 늘어날 것이기 때문에 변호사의 일자리가 더 창출될 것이라는 전망이다.

인공지능에 서툰 법조인의 미래가 어둡다

인공지능의 발전이 법조인의 미래를 더욱 발전시킬 것이라는 전망은 희망적이다. 그러나 이러한 희망이 모든 법조인에게 해당되지 않는다. 인공지능과 더불어 일을 하겠다고 생각하는 법조인의 장래는 밝지만, 인공지능 기술을 먼 산처럼 대하고 오로지 기존의 아날로그 시스템대로 일하려고 하는 법조인은 인공지능에 의해 퇴출당할 가능성이 높다.

기존 아날로그 방식대로 일하는 법조인이 위험한 이유는 인공지능 기술을 이용하는 법조인과 업무 효율 면에서 큰 차이를 보일 수밖에 없기 때문이다.

앞에서 예로 든 양해각서와 관련된 업무를 생각해보자. 인공지능 기술을 이용하는 변호사는 2시간 만에 서류 검토를 끝내고 다음 업무를 진행할 것이다. 그런데 아날로그 변호사는 아직도 양해각서 서류를 검토하고 있을 수밖에 없다. 이것은 업무 효율 면에서 너무 차이가 난다. 결국 아날로그 변호사는 인공지능 기술을 쓰는 변호사에 뒤처질 수밖에 없다. 이는 인공지능에 의해 밀려난 모습이기도 하다. 따라서 인공지능 시대에는 최신 인공지능 기술을 적절

히 활용할 줄 아는 법조인이 되어야 장래가 밝다고 할 수
있다.

미래의 법조인은
어떻게 달라질까?

　인공지능의 등장으로 미래의 법조인은 인공지능을 활용하는 법조인으로 바뀔 수밖에 없다. 자, 인공지능과 함께하는 미래 법조인이 된 여러분의 모습을 상상해보자.

인공지능 판사가 재판을 한다면?

　다음은 조광희의 소설 『인간의 법정』에 나오는 한 장면이다.

　"100년 후 미래의 재판이 벌어지고 있다. 법정 공방 없이 서면이나 온라인으로 진행되는 1심 재판은 여전히 인간 판사가 인공지능의 도움을 얻어 처리하는데, 머지않아 인공지능 판사가 도맡을 예정이다. 인공지능 판사의 도입 이후에 재판 절차는 매우 신속해졌다. 법복을 입은 인공지능 판사의 외모는 중성적이다. 인공지능 판사는 권위 있는 외형을 갖추기 위해서 보통의 인간보다 큰 키로 만들어졌다. 일어서면 2미터쯤 될 터인데, 일어나는 법은 없고 언제나 제자리에 앉아 있다."●

어떤가? 아직은 소설 속 장면이지만 가까운 미래에 이런 모습이 펼쳐질지도 모른다. 그동안 소설이나 영화에서 그렸던 미래의 모습은 어김없이 현실에서 하나씩 구현되고 있기 때문이다. 그러나 이것은 소설에서도 밝혔듯이 앞으로 몇십 년 또는 100년 후에나 그려질 모습일 뿐 당장 가까운 미래에는 실현될 가능성이 작다.

2019년, 법률 인공지능팀과 인간 변호사팀 간에 변호사 대결이 벌어진 적이 있었다. 내용은 누가 계약서를 검토하여 자문을 잘해주는지 다투는 경기였다. 과연 결과는 어떻게 되었을까? 예상한 대로 법률 인공지능팀이 인간 변호사팀을 누르고 승리하였다. 이 경기의 결과가 예상된 이유는 아무래도 인공지능이 서류 검토에 있어서는 인간을 앞설 수밖에 없었기 때문이다.

●　조광희, 『인간의 법정』, 솔, 2021

인공지능 기술을 척척 활용하는 미래 검사

다음은 미래의 재판정 모습을 그린 이야기다.

2050년 마약 사건이 터졌다. A 검사는 인공지능 검사를 데리고 현장으로 달려간다. 현장에는 멀쩡한 모습의 남자가 모른 척 얼굴을 돌리고 있다. 인공지능 검사는 얼른 남자의 얼굴을 스캔한 후 표정 하나하나를 읽는다. 그리고 스킨로션자료를 바탕으로 남자가 뭔가 숨기고 있다는 사실을 알아낸다. A 검사는 인공지능 검사의 자료를 바탕으로 추궁하고, 남자는 마약을 했다고 실토한다. 인공지능 검사는 남자의 기억력 회복 프로그램을 작동하여 마약을 숨긴 곳을 알아낸다.

인공지능 검사는 남자의 진술을 토대로 조서를 작성한다. 그 사이 A 검사는 충격에 빠진 남자의 가족을 만나 이야기를 나눈다. 인공지능 검사의 기소 준비가 다 끝나자 A 검사는 인공지능 검사를 데리고 재판정에 들어선다. 인공지능 검사가 준비한 자료를 바탕으로 상세하게 피고를 추궁하자 피고는 달아날 구멍이 없어진다. 피고는 순순히 자신의 범행을 자백한다.

이 모습을 보고 있던 판사 역시 인공지능 판사를 옆에 두고 있다. 자료 검토가 빠르고 이전에 같은 사건으로 판결했던 예를 척척 찾아주어 한결 결정을 내리기가 쉽다. 잠시 뒤, 판사는 판결하고 재판은 신속히 끝이 났다.

현재의 재판은 매우 느리게 진행되고, 모든 사람들에게 공정하지 않다는 불만이 나온다. 미래에는 인공지능 기술의 도움으로 사건의 해결뿐만 아니라 재판의 속도도 훨씬 빨라질 것으로 기대된다. 아울러 모든 사람에게 평등하다는 법의 기본 원칙을 지켜나가는 데도 이바지할 것이다.

법조인 출신 대통령, 버락 오바마

법조인 중에 유난히 대통령이 된 사람이 많다. 우리나라 만 해도 노무현, 문재인 대통령이 변호사 출신이고, 윤석열 대통령이 검사 출신이다. 미국에도 법조인이 대통령이 된 사람이 많은데, 특히 변호사 출신 대통령이 많다. 미국의 경우, 변호사 출신 대통령이 무려 25명이나 된다. 대표적인 변호사 출신 대통령으로 우리가 이름만 들어도 알 만한 에 이브러햄 링컨, 프랭클린 루스벨트, 빌 클린턴, 그리고 버 락 오바마 대통령 등이 있다.

버락 오바마 대통령은 변호사 출신이면서, 최초의 흑인 대통령으로 유명하다. 그가 변호사로서 두각을 나타낸 것

179

은 인권 변호사로 활동하면서부터이다. 오바마는 근무 시간의 70%를 투표권, 시민권, 고용 문제 등 인권과 관련된 소송을 다루는 데 썼을 정도로 인권 변호사로서 열정적으로 일했고, 이를 사람들에게 인정받았다.

오바마가 변호사 시절 맡았던 대표적 사건으로 '행동주의 그룹 사건'이 있다. 행동주의 그룹은 20세기 초반 미국에 나타난 행동주의를 따르는 조직으로, 객관적 관찰만이 인정받을 수 있는 것으로 여겼다. 행동주의 그룹은 일리노이 주가 저조한 투표율을 개선하고 미비한 투표 등록을 돕기 위해 고안된 연방법이 있음에도 불구하고, 일리노이 주 정부가 이를 적용하지 않아 투표율이 감소했다며 정부를 상대로 소송을 제기하였다. 이 재판의 변호를 버락 오바마 변호사가 맡은 것이다. 당시 오바마 변호사는 합리적이고 논리적인 언변으로 변호하여 행동주의 그룹이 재판에서 이기도록 이끌어 찬사를 받았다.

오바마 변호사는 한 연구소의 비리를 고발한 내부고발자의 변호를 맡기도 하였다. 당시 일리노이 주 쿡 카운티와 연방연구보조금을 관리하는 사립연구소가 있었다. 이 연구소와 관련된 의사가 그곳의 비리를 폭로하면서 사건이 터졌다. 당시 그는 마약을 복용한 임산부의 치료를 연구하는 프로그램에 참여하고 있었는데 이 연구에 쓰라고 내려온

보조금이 잘못 사용된 사실을 발견하였다. 이에 항의하다가 결국 해고되고 말았고, 이 의사는 결국 내부고발을 선택했다. 오바마 변호사는 그의 변호를 맡으며 장문의 호소문을 작성하여 여론을 이끄는 데 성공했다.

왜 다른 직업에 비해 법조인 출신 대통령이 더 많이 나오는 걸까? 법조인은 성격상 정의와 공정을 다루는 직업이다. 사회의 정의와 공정을 바로 세우기 위해서는 권위를 부여해야 하기 때문에 법조인은 어느 나라든지 사회적 지위가 보장되어 있다. 이 때문에 법조인은 정치계에 진출하는 것이 다른 직업에 비해 쉽다. 그리고 사회의 정의를 바로 세우는 일은 나라의 정의를 세우고 바르게 이끌어야 하는 대통령의 성격과 닮아 있다. 이 같은 이유로 법조인 출신 대통령이 유독 많이 나온다고 볼 수 있다.